ACTAS DO PRIMEIRO CONGRESSO
DE REABILITAÇÃO E INCLUSÃO NA SAÚDE MENTAL

# O PAPEL DAS FAMÍLIAS E DAS REDES DE APOIO SOCIAL

MANUEL VIEGAS ABREU
EDUARDO RIBEIRO DOS SANTOS
(COORDENADORES)

ACTAS DO PRIMEIRO CONGRESSO
DE REABILITAÇÃO E INCLUSÃO NA SAÚDE MENTAL

# O PAPEL DAS FAMÍLIAS E DAS REDES DE APOIO SOCIAL

ACTAS DO PRIMEIRO CONGRESSO DE
REABILITAÇÃO E INCLUSÃO NA SAÚDE MENTAL
O PAPEL DAS FAMÍLIAS E DAS REDES DE APOIO SOCIAL

COORDENADORES
MANUEL VIEGAS ABREU
EDUARDO RIBEIRO DOS SANTOS

EDITOR
EDIÇÕES ALMEDINA, SA
Av. Fernão Magalhães, n.º 584, 5.º Andar
3000-174 Coimbra
Tel.: 239 851 904
Fax: 239 851 901
www.almedina.net
editora@almedina.net

PRÉ-IMPRESSÃO | IMPRESSÃO | ACABAMENTO
G.C. – GRÁFICA DE COIMBRA, LDA.
Palheira – Assafarge
3001-453 Coimbra
producao@graficadecoimbra.pt

Novembro, 2008

DEPÓSITO LEGAL
285947/08

Os dados e as opiniões inseridos na presente publicação
são da exclusiva responsabilidade do(s) seu(s) autor(es).

Toda a reprodução desta obra, por fotocópia ou outro qualquer
processo, sem prévia autorização escrita do Editor, é ilícita
e passível de procedimento judicial contra o infractor.

---

*Biblioteca Nacional de Portugal – Catalogação na Publicação*
CONGRESSO DE REABILITAÇÃO E INCLUSÃO SOCIAL, 1,
Coimbra, 2007
   Actas do Primeiro Congresso de Reabilitação e Inclusão na
Saúde Mental : o papel das famílias e das redes de apoio social
coord. Manuel Viegas Abreu, Eduardo Ribeiro dos Santos
   ISBN 978-972-40-3709-7

I – ABREU, Manuel Viegas, 1936-
II – SANTOS, Eduardo Ribeiro dos
   CDU   316
           364
           061.3

# INDICE

Prefácio ................................................................................................ 7

### SESSÃO DE ABERTURA

Razões e contexto de um Congresso sobre Reabilitação em Saúde Mental
*Manuel Viegas Abreu* ........................................................................ 11

Testemunho e Saudação de Esperança
*João Manuel Crespo de Carvalho* ...................................................... 15

Sobre o '*Excessus Mentis*' na Literatura e na Ciência: Breve Nota de Abertura
*Cristina Robalo Cordeiro* .................................................................. 19

### CONFERÊNCIAS

Inclusão Social de Pessoas com Doenças Mentais: A Importância do Trabalho
*Julian Leff* ........................................................................................ 23

Reabilitação e Cuidados Continuados – Um Modelo por Antecipação
*Margarida Cordo* .............................................................................. 41

Reabilitação Psicossocial e Inclusão na Pós-Psiquiatria
*Aires Gameiro* ................................................................................... 61

Cultura e Saúde Mental – Por um Modelo Bio-Psico-Socio-Axiológico
*José Morgado Pereira* ....................................................................... 75

Psicologia Comunitária – Contributos para o Desenvolvimento de Serviços de Base Comunitária para Pessoas com Doença Mental
*José Ornelas* .................................................................................. 81

Modalidades de Apoio às Famílias: As Intervenções Psico-educativas
*Miguel Xavier e Manuel Gonçalves Pereira* ...................................... 93

O Papel da Terapia de Remediação Cognitiva na Reabilitação de Pessoas com Esquizofrenia
*Filipa Palha* .................................................................................. 101

A Visão e Voz das Famílias e dos Cuidadores Informais na Europa: Porquê?
*Inger Nilsson* .................................................................................. 117

A Federação Nacional das Associações de Famílias Pró-Saúde Mental (FNAFSAM)
*Mário de Castro Hipólito* .................................................................. 125

Inclusão e Solidariedade. Justiça e Desenvolvimento Social
*Álvaro Laborinho Lúcio* .................................................................... 139

### Sessão de Encerramento

Concluir para recomeçar: renovar a esperança, a vigilância e a exigência
*Manuel Viegas Abreu* ...................................................................... 157

**Comunicações em Poster** ................................................................ 163

**Conclusões** .................................................................................... 219

# PREFÁCIO

O *I° Congresso de Reabilitação e Inclusão Social em Saúde Mental*, que se centrou na análise do *Papel das Famílias e das Redes de Apoio Social*, realizou-se em Coimbra nos dias 11 e 12 de Outubro de 2007 com o Alto Patrocínio de Sua Excelência o Senhor Presidente da República. Nele foram apresentadas 15 comunicações em Plenário e 21 comunicações sob o formato de *poster*. Foi intenção da Comissão Organizadora, desde o início da preparação do Congresso, proceder à publicação das Actas dentro do espaço temporal de um ano, de forma a que o seu lançamento pudesse ser efectuado em 2008 no dia 10 de Outubro, Dia Mundial da Saúde Mental. Dificuldades de diversa ordem não possibilitaram que este desiderato se concretizasse. Foram poucos os conferencistas que não tiveram a possibilidade de enviar por escrito nos prazos estabelecidos as comunicações orais que apresentaram aos congressistas, mas tornou-se impraticável adiar por mais tempo a publicação do vasto conjunto das restantes comunicações e das Conclusões do Congresso. Com a presente publicação, está agora alcançado o objectivo principal de disponibilizar ao público em geral e, em especial, a todas as pessoas interessadas nas questões de saúde mental o conteúdo das referidas comunicações, permitindo o conhecimento das propostas de acção, das reflexões e análises críticas sobre a situação em que se encontra um subsector da Saúde, cujas carências são gritantes. Carências que, por corresponderem a necessidades há muito tempo identificadas, requerem que as medidas anunciadas no Plano Nacional de Saúde Mental, aprovado há um ano pelo Governo, mobilizem a vontade política das instituições e das pessoas responsáveis pela sua execução. Os diagnósticos estão feitos. Chegou agora o tempo da acção. A recuperação das pessoas com doenças mentais é possível. A não valorização das suas potencialidades é um desperdício pessoal e social. A exclusão social a que são condenadas por ausência de estruturas e serviços de formação e inserção profissional constitui uma injustiça que urge ultrapassar. Trata-se, sem dúvida, de uma tarefa difícil e exigente, que requer a parceria e o envolvimento de muitas pessoas e instituições, desde as pessoas com doenças mentais e suas famílias, aos profissionais de saúde e ao diversificado leque de organizações sociais numa caminhada persistente e inovadora de solidariedade social, para a qual a publicação destas Actas pretende contribuir.

A Comissão Organizadora agradece a todos os conferencistas, moderadores e autores das comunicações em *poster* a valiosíssima colaboração que deram ao Congresso possibilitando que ele constituísse um acontecimento de referência para as mais de 400 pessoas que nele participaram. Importa sublinhar que a sua realização só foi possível graças aos apoios concedidos pelo Alto Comissariado para a Saúde, pela Associação EPIS – Empresários para a Inclusão Social, Câmara Municipal de Coimbra, Região de Turismo do Centro e Fundação para a Ciência e Tecnologia, a quem se reiteram os devidos agradecimentos.

Por fim, é-nos grato formular o nosso reconhecimento às Edições Almedina que desde a primeira hora manifestaram o acolhimento generoso da publicação das Actas do Congresso.

Coimbra, 10 de Novembro de 2008

# Sessão de Abertura

# RAZÕES E CONTEXTO DE UM CONGRESSO SOBRE REABILITAÇÃO EM SAÚDE MENTAL

Manuel Viegas Abreu

Ex.mo Senhor Dr. João Pedro Pimentel
Presidente da Administração Regional de Saúde do Centro, em representação do Senhor Ministro da Saúde

Ex.ma Senhora Prof. Doutora Cristina Robalo Cordeiro
Vice-Reitora da Universidade de Coimbra em representação do Senhor Reitor

Ex.mo Senhor Dr. António Leuschner
Director do Hospital Magalhães Lemos, em representação da Alta Comissária da Saúde

Ex.mo Senhor Prof. Doutor Eduardo Ribeiro dos Santos
Coordenador do Instituto de Psicologia Cognitiva, Desenvolvimento Vocacional e Social

Senhoras e Senhores Congressistas,

Em nome da Comissão Organizadora, e também como Presidente da Direcção da VIME, é-me grato cumprimentar todos os presentes, conferencistas e moderadores, congressistas e convidados, representantes de Associações de Famílias e de Profissionais de Saúde. Dirijo uma palavra muito especial ao Professor Doutor David Justino, Conselheiro do Senhor Presidente da República, que nos honra com a sua presença. A Comissão Organizadora e a Comissão Científica do Congresso agradecem a concessão do Alto Patrocínio com que Sua Excelência o Senhor Presidente da República quis simbolicamente distingui-lo. E não deixaremos de proceder ao envio das Conclusões do Congresso, conforme a solicitação que tão amavelmente nos foi dirigida.

O projecto de realização deste Iº Congresso de Reabilitação e Inclusão em Saúde Mental visou alcançar quatro objectivos principais, enunciados desde o seu primeiro anúncio, que importa aqui relembrar:
1) Incentivar a reflexão sobre a realidade portuguesa no domínio da reabilitação de pessoas com problemas de saúde mental e promover o conhecimento de experiências efectuadas noutros países na área da inclusão social e das perspectivas mais recentes do seu desenvolvimento;
2) Apoiar o reconhecimento oficial das famílias e das Associações que as representam como parceiros sociais relevantes na defesa da melhoria da qualidade dos cuidados de saúde mental e na organização de estruturas e serviços de reabilitação e integração na comunidade;
3) Contribuir para a redução do estigma, discriminação e marginalização de pessoas com problemas de saúde mental como medida indispensável ao desenvolvimento e ao sucesso das iniciativas que visam a recuperação e inclusão social a que têm pleno direito;
4) Promover a análise das propostas constantes do "Relatório sobre a Reestruturação e Desenvolvimento dos Serviços de Saúde Mental em Portugal", elaborado pela Comissão Nacional coordenada pelo Professor José Caldas de Almeida e entregue ao Ministro da Saúde em Abril último.

Com base neste Relatório, e como é certamente do conhecimento de todos, o Conselho de Ministros no passado dia 3 aprovou, na generalidade, o Plano Nacional de Saúde Mental 2007-2016, considerado como "instrumento para a concretização de uma estratégia nacional a ser implementada de forma multisectorial por parte de várias entidades ministeriais".

As pessoas com problemas de saúde mental assim como as Associações dos seus familiares e amigos depositam grande esperança na concretização das propostas e recomendações apresentadas no referido Relatório e no Plano Nacional de Saúde Mental recentemente aprovado.

Com efeito, em Portugal, a insuficiência ou, em muitos casos, a inexistência de equipamentos, de estruturas e serviços de reabilitação intermediários entre os hospitais e as famílias faz com que as pessoas com doença mental persistente sejam as mais dependentes das famílias em toda a Europa. A criação de centros de actividades ocupacionais e formativas diferenciadas, a constituição de equipas multidisciplinares de apoio à reabilitação psicossocial e inserção no trabalho, a construção de unidades residenciais inseridas na comunidade, de centros de formação profissional, de empresas de inserção e de postos de emprego protegido constituem algumas das propostas para a reestruturação e desenvolvimento dos serviços de saúde mental. Importa por conseguinte apoiar e solicitar a sua concretização, na medida em que as mencionadas propostas correspondem a necessidades há muito sentidas e formuladas pelas famílias e pelas Associações que as representam.

Aproximam-se tempos de mudanças. Mudanças que cremos serem muito positivas para um sub-sistema de saúde que tem sido reconhecidamente negligenciado. A exclusão a que os doentes mentais têm sido votados constitui uma perda pessoal e social de valor incalculável. Importa reconhecer que a sua recuperação é possível! Com efeito, as pessoas com problemas de saúde mental conservam potencialidades que são desaproveitadas por falta de estruturas e serviços dedicados ao seu desenvolvimento. O risco de exclusão e da persistência da situação crónica de dependência pode ser ultrapassado por intermédio de planos de reabilitação e inclusão social que acompanhem e complementem outras formas de tratamento, designadamente o tratamento farmacológico, desde o início da primeira fase de estabilização. Outros países já avançaram neste caminho com resultados comprovados nos quais podemos fundar a nossa esperança.

O diagnóstico da situação da saúde mental em Portugal está feito e o Plano Nacional de Saúde Mental já foi aprovado pelo Governo. É chegado agora o tempo da acção, atribuindo prioridade à implementação das reformas anunciadas.

Neste contexto, a realização do Iº Congresso de Reabilitação e Inclusão na Saúde Mental veio na hora certa. A mobilização de um número tão elevado de participantes deve ser interpretada numa tríplice dimensão: como um sinal inequívoco de interesse pelas questões de Saúde Mental, como um sinal de apoio às mudanças necessárias constantes do Plano Nacional de Saúde Mental e como um sinal de esperança vigilante que continuará activa até ser alcançada a concretização das reformas há muito aguardadas. Esta esperança vai continuar vigilante e actuante.

A realização deste Congresso só foi possível graças à generosa aceitação dos conferencistas e moderadores convidados, a quem desejo expressar o profundo reconhecimento da Comissão Organizadora. Por terem vindo de longe, seja – me permitido dirigir uma palavra especial ao Professor Julian Leff e à Senhora Inger Nilsson. A vontade manifesta de ambos em apoiar as Associações de Famílias de Portugal esteve na origem da sua generosa e solidária colaboração. A obra que cada um deles tem desenvolvido e da qual irão aqui apresentar algumas linhas mestras constitui exemplo a seguir, de que todos colheremos benefícios.

Sem o apoio de diversas instituições a organização do Congresso não seria viável. Compete deixar uma palavra de reconhecimento a todas as que ofereceram o seu patrocínio e que se encontram referenciadas no Programa.

Desejo agradecer o empenho da equipa de investigadores do Instituto de Psicologia, Desenvolvimento Vocacional e Social que, de forma voluntária, organizou as múltiplas tarefas de Secretariado: a Rosa Andrade, o Pedro Belo, a Maria Jorge, o João Pedro Leitão, a Carina Teixeira e o Paulo Figueiredo. Com a sua dedicação e o seu esforço contribuíram para esta realidade presente e creio que para eles constitui o melhor prémio.

Perante a adesão que o Congresso suscitou, a Comissão Organizadora sente-se recompensada do esforço empreendido. Mas sente também responsabilidades acrescidas. A excelência dos conferencistas e dos moderadores que nestes dois dias irão ser os protagonistas principais do Congresso, a riqueza e vivacidade dos debates que as suas comunicações irão certamente suscitar constituem por si sós a melhor garantia de que as expectativas nele depositadas irão ser plenamente atingidas. Ao aceitarem o desafio de vir reflectir, analisar e esclarecer os caminhos que a promoção da Saúde Mental deve percorrer entre nós, num futuro que se deseja muito próximo, o Congresso está agora nas mãos de todos vós.

Muito obrigado pela atenção dispensada.

Coimbra, 11 de Outubro de 2007

# TESTEMUNHO E SAUDAÇÃO DE ESPERANÇA

João Manuel Crespo de Carvalho

Começo por cumprimentar a Comissão de Honra deste Congresso, na pessoa do Senhor Presidente da República, seu primeiro titular. Cavaco Silva ao escolher, num dos seus Roteiros temáticos, as questões da inclusão, merece-me, como doente e que vivo ombro a ombro com doentes similares, a maior admiração. Julgo que foi no início desse Roteiro que visitou a Associação para o Desenvolvimento e Formação Profissional de Miranda do Corvo. Conheço bem a ADFP. É, a todos os títulos, notável.

Cumprimento ainda a Comissão Organizadora que ousou proporcionar, com este I Congresso, aprendizagens que, pelo menos a mim, irão ser preciosas. O Professor Doutor Manuel Viegas Abreu, ao leme da VIME, contra ventos e marés, persiste em ajudar quem precisa. Felicito também o Instituto de Psicologia Cognitiva, Desenvolvimento Vocacional e Social, entidade co-organizadora.

É na qualidade de doente que tenho o prazer de intervir. Há quarenta anos que sou acompanhado na Clínica Psiquiátrica dos HUC. Pelo facto de, desde tão novo, sentir o apoio – que me continua a ser dado de forma incondicional e generosa – dos profissionais de saúde, eles são para mim verdadeiros ídolos.

Há ainda razões familiares para os considerar assim. Meu avô materno foi um "João Semana" na Mêda. Um dos seus filhos e meu tio/padrinho foi também médico. Deixou obra, por exemplo, no Asilo de velhos de Folhadosa em Seia, de que foi Provedor, a partir de 1948 e durante muitos anos, sem auferir um tostão. E tenho, ainda, uma filha enfermeira, de quem muito me orgulho.

E reflectindo no papel imprescindível que os profissionais da saúde têm na vida de todas as pessoas, dou comigo a interrogar-me: quantas vezes não estarão eles mais doentes do que nós, escutando os nossos queixumes com insuperável paciência e empenho? E mais: quantos problemas pessoais e familiares, por vezes bem mais graves que os nossos, não deixam pendentes, em casa, para nos atenderem no hospital ou no centro de saúde?

Quanto à inclusão de doentes mentais na sociedade digo, sem falsas modéstias, que não sei mesmo o que dizer. Essa questão deveria ser da alçada de homens sabedores e profissionais da saúde. Poderiam, obviamente, ter também responsabilidades políticas. Mas deveriam ser homens de carácter e independentes para não se deixarem governamentalizar. De contrário, quem gere a política da saúde só pensa em gastar o menos possível, reduzindo tudo a ideias economicistas e a números, esquecendo as PESSOAS. No país há muito pão. Está, no entanto, pessimamente distribuído.

A educação e o ensino estão intimamente ligados à saúde. No Ensino Básico (onde fui professor) sei muito bem o que se passa. Converso frequentemente com antigos colegas, e a revolta, ao que me dizem, é generalizada. O que se passa nas Universidades vou-o sabendo pelos jornais. E concluo, julgo que bem, que roda muita coisa mal. Refiro-me aos jovens que terminam os seus cursos superiores. Uma larga maioria fica no desemprego. E os que se empregam numa caixa de um hipermercado...vão-se contentando. Infelizmente, não têm outro remédio. São novos excluídos da sociedade.

Centro-me nos psicólogos. Constituem um exemplo flagrante. Poucos conseguem trabalho na sua área. E todavia, os psicólogos são imprescindíveis na sociedade actual, mormente para apoiarem doentes mentais. Deixo-lhes uma palavra: lutem pela vossa inclusão na sociedade!

A todos os excluídos da sociedade – e aqui refiro-me mesmo a todos – deixo esta mensagem. Sou natural da Guarda. Nascido na minha terra, existiu um poeta profundo e de raro valor. Era analfabeto. Deambulava ele pelas ruas e cafés da cidade, improvisando poesia, teria eu 6/7 anos. Fiquei com uma ideia semi-apagada do Joaquim Chamisso. Em 1984, um grupo de professores fez pesquisas e recolhas, publicando a sua obra. É deveras interessante e curiosa. Estão lá inseridos uns versos (que são um grito de revolta) dirigidos aos estudantes, que faziam 'pouco' deste poeta popular. Duma quadra, leio apenas os dois primeiros versos. Não é de bom tom dizer aqui os restantes, pois, às vezes, o Chamisso empregava umas asneiritas...

"Eu sou aquilo que sou/ E a mim ninguém me verga".

Que os excluídos dos nossos tempos – e que tenham capacidades para se defender – nunca se deixem vergar!

E que os excluídos – sem forças para se defender – encontrem sempre Homens com H grande, que não os deixem tombar nas valetas.

## SOBRE O *'EXCESSUS MENTIS'*
## NA LITERATURA E NA CIÊNCIA:
## BREVE NOTA DE ABERTURA

CRISTINA ROBALO CORDEIRO

Distintas Autoridades,
Senhores Professores,
Caras Amigas e caros Amigos

No seu grande livro *Histoire de la folie à l'âge classique*, Michel Foucault dá a entender que, se ainda hoje vivesse, Cervantes estaria internado. Mas a obra do pensador francês, publicada nos anos 1960, está, também ela, datada no tempo, e, em todo o caso, é bem anterior a este I Congresso sobre a "Reabilitação e Inclusão na Saúde Mental".

Don Quixote, que a razão cartesiana teria conduzido à reclusão, é, no final do romance, acolhido pelos seus, rodeado do afecto e, mais ainda, da compreensão de todos: é a aldeia em peso, com o padre à cabeça, que entra no seu delírio e procura trazê-lo a um estado de saúde e à percepção comum do real. De facto, a idade barroca teve, para com a insanidade, uma indulgência, e mesmo até uma simpatia, que o Absolutismo rapidamente reprimiu.

Esta simpatia e esta indulgência, estou certa de que a concedereis igualmente ao professor de literatura a quem o nosso Reitor pediu para vir abrir, em seu nome, estes dois dias de trabalho científico consagrados ao papel das famílias e das redes de apoio social na reinserção social dos doentes mentais. A literatura alimenta-se de delírio, de sonho e, em geral, do *excessus mentis* (para falar como São Lucas) que todas as ciências têm por norma empurrar para fora das suas fronteiras. Todas, com excepção precisamente da psicologia e da psiquiatria (e poderei, sem risco, acrescentar a psicanálise?). Mas, enquanto a literatura – e com ela o estudo e o ensino literários – não lida com a alienação mental senão nos limites de um prazer estético, as ciências do psiquismo – e com elas os que as praticam – confrontam-se diariamente com o sofrimento humano nas suas formas mais perturbadoras (porque menos fisiológicas).

É, com efeito, a experiência profissional do sofrimento e o combate quotidiano para o diminuir que vos confere, para falar das desordens do espírito, a autoridade moral de que carecerão sempre os professores de literatura, por mais bem documentados que estejam.

Deixando pois Cervantes, contentar-me-ei então, em nome da Universidade de Coimbra, em felicitar os organizadores – o Instituto de Psicologia Cognitiva e a VIME – e, em primeiro lugar, o Doutor Manuel Viegas Abreu que, mais uma vez, demonstrou a heróica energia e a força de vontade que o animam e que todos nele admiramos.

A leitura do programa fez-me medir a ambição e o alcance deste encontro de especialistas vindos não apenas dos grandes centros científicos e médicos do país mas também de outros países europeus. Se se trata de saber reconhecer a doença sem ostracizar o doente – que permanece um cidadão de corpo inteiro –, a psicologia e a medicina devem também saber compreender o direito e as famílias: é pois justo que à família e à justiça seja atribuída, senão a última palavra, pelo menos a última – ou as últimas – conferências de um programa composto com tanto de rigor quanto de elegância.

Saudando cada um dos participantes e cada um dos membros do público, resta-me desejar que este I Congresso seja um acontecimento verdadeiramente fundador e que ele permita opor um desmentido definitivo ao pessimismo de Michel Foucault.

11 de Outubro de 2007

# Conferências

# INCLUSÃO SOCIAL DE PESSOAS COM DOENÇA MENTAL: A IMPORTÂNCIA DO TRABALHO*

JULIAN LEFF**

## Exclusão de pessoas com doença mental

O termo "doença mental severa" refere-se a psicoses, incluindo esquizofrenia, doença maníaco-depressiva e condições relacionadas. Na maior parte das Culturas, a imagem que as pessoas têm de loucura corresponde a estas psicoses e é caracterizada por dificuldade em comunicar com os pacientes, auto-negligência e comportamento violento (Reda, 1996). A resposta de cada cultura varia, produzindo um espectro de tolerância, sendo as sociedades menos tolerantes as mais urbanizadas e industrializadas; as mais tolerantes encontram-se entre comunidades de camponeses formadas por famílias alargadas (Leff and Warner, 2006, p.13). Historicamente, a resposta das sociedades desenvolvidas foi a exclusão dos doentes mentais pela criação de instituições fechadas situadas fora dos centros de habitação, por vezes em ilhas remotas no caso da Grécia e da Finlândia. No Reino Unido, a grande era de construção de asilos, tal como eram chamados, foi o século XIX. O número de tais instituições passou de 9 em 1827 para 77 em 1900 (Carrier e Kendall, 1997). Em muitos destes asilos os pacientes trabalhavam nas cozinhas, lavandarias, jardins e nas fazendas do hospital. O seu trabalho não era remunerado e contri-

---

* Tradução do original em língua inglesa de Carina Vieira Teixeira.
** Professor Emérito do Instituto de Psiquiatria e da Faculdade de Medicina da Universidade de Londres.

buiu para o baixo custo da gestão destas instituições. Com o passar do tempo, os protestos dos sindicatos sobre a exploração dos pacientes levou à cessação da manutenção deste trabalho e à sua substituição por serviços de reabilitação, que iremos discutir em detalhe mais adiante.

## A vida social dos pacientes institucionalizados

A localização remota dos hospitais psiquiátricos tornou difícil a visita dos familiares, e o seu contacto com os pacientes cada vez menos frequente. A natureza opressiva dos edifícios, a atmosfera nas enfermarias fechadas e as dificuldades em manter diálogo também contribuíram para o decréscimo das visitas dos familiares. Num estudo de pacientes de longa data em duas instituições de Londres verificou-se que três quartos não tinham qualquer contacto com os seus familiares (Leff *et al*, 1990). Contudo, havia uma vida social activa promovida pelos pacientes, embora não incluísse profissionais, os quais estavam geralmente pouco conscientes do valor destas relações.

Um estudo de observação na cantina dos pacientes num destes hospitais revelou que quatro tipos de papel social poderiam ser identificados (Dunn *et al*, 1990): pequenos grupos de amigos que se sentavam juntos à volta das mesas, indivíduos isolados que ficavam perto das paredes não fazendo qualquer tentativa de contactar com os outros, "chatos" que pediam indiscriminadamente a toda a gente, e os que agiam como membros do *staff*, ajudando os outros na troca de produtos e serviços.

Na tentativa de reinserir os pacientes na comunidade, os profissionais escolheram focar-se primeiro nos indivíduos menos debilitados e mais sociáveis (Jones, 1993). Como resultado os pacientes mais isolados foram deixados para último lugar e quando colocados juntos em residências na comunidade eram incapazes de formar redes sociais coesas (Dayson, 1992). Para prevenir este acontecimento recomendamos que desde o início da reinserção de pacientes crónicos, cada residência protegida inclua um misto de pacientes socialmente activos e isolados (Leff *et al*, 2000, Relatório final *TAPS – Team for the Assesment of Psychiatric Services*).

Na maior parte das instituições psiquiátricas, se não mesmo em todas, homens e mulheres eram severamente segregados em diferentes enfermarias, embora fosse permitido encontrarem-se nas raras ocasiões em que um evento social, como um baile, era promovido. Contudo, homens e mulheres que não estavam confinados às enfermarias fechadas eram capazes de se encontrar secretamente nos extensos campos em torno dos edifícios e terem relações sexuais. Dada a natureza oculta e desconhecida destas actividades, não era disponibilizada nenhuma instrução nem o acesso a contraceptivos, resultando, por vezes, em gravidezes. Estas foram resolvidas por aborto sem procurar o consentimento da mulher. As redes sociais dos pacientes eram inevitavelmente restringidas a outros pacientes e a poucos, se acaso existissem alguns, membros do *staff*: de resto, estes últimos tendiam a ser os encarregados da limpeza das enfermarias, ocupando o nível mais baixo da hierarquia profissional. O desafio dos novos serviços desenvolvidos na comunidade é permitir aos pacientes libertarem-se destes círculos sociais fechados e severamente restritos.

## *Inclusão Social na Comunidade: Reduzindo as incapacidades dos pacientes*

O facto de se reinserir os pacientes institucionalizados na comunidade não garante a sua inclusão social. Isto só pode ser alcançado quando ambas as partes da relação são capazes e têm vontade de se envolver: os pacientes a realojar e os residentes da comunidade acolhedora. Os pacientes que passaram anos numa instituição psiquiátrica têm deficiências em termos de competências sociais em parte devidas ao ambiente de privação social onde estiveram encarcerados e em parte como resultado da sua doença psiquiátrica crónica. A esquizofrenia em particular leva à perda de competências sociais ou, se ocorrer na adolescência, trava o desenvolvimento normal. Além disso, muitas pessoas com esquizofrenia falharam construir uma rede de amigos antes do aparecimento dos sintomas da doença. Os pacientes sem emprego, sem *hobbies*, sem dinheiro para gastar em entretenimentos, tais como ir ao cinema, eventos desportivos ou bailes, e que não lêem jornais ou livros e não têm interesse nos assuntos actuais, não têm nada para falar além da sua doença (Morgan, 1979). Conheci um homem jovem com esquizofrenia que estava sempre bem vestido e com desejo de encontrar uma namorada. Frequentava regularmente discotecas. Ao abordar uma rapariga que o atraiu, começou a falar-lhe, logo nos primeiros minutos do seu diálogo, do chip electrónico que lhe tinha sido inserido no joelho. Naturalmente, ela terá encontrado rapidamente alguma desculpa para deixá-lo.

As incapacidades produzidas pela combinação da doença mental severa e as práticas institucionais incluem a falta de contacto visual com outra pessoa, e muitas vezes falha em sorrir ou usar respostas verbais breves para estimular o fluxo de um diálogo. A lentidão do pensamento produzida pela doença e/ou os efeitos sedativos da medicação, e a distracção devida aos pensamentos intrusivos ou vozes podem levar a uma falha em responder verbalmente ao parceiro do diálogo. Mueser, Drake e Bond (1997) enfatizaram que a competência social depende da integração de um número de capacidades com componentes verbais e não verbais. A formação em aquisição de competências sociais tem sido desenvolvida durante anos em Los Angeles por Liberman e colaboradores (1986), que publicaram manuais sobre o tema. A sua abordagem foi importada para o Reino Unido e tornou-se rapidamente e amplamente praticada por psicólogos e terapeutas ocupacionais. Contudo, nos anos mais recentes o interesse nesta forma de terapia diminuiu marcadamente ao ponto de não estar disponível para os pacientes na maioria dos serviços clínicos. O declínio dramático é provavelmente devido à experiência de que as competências aprendidas num hospital ou serviço clínico não são generalizadas para as interacções sociais na comunidade. O grupo de Liberman está bem consciente desta deficiência da formação e recentemente produziu um programa que foca o problema da generalização (2005). É de esperar que este programa leve ao reavivar do interesse por esta importante ferramenta terapêutica.

### *Inclusão Social na Comunidade: Mudando as atitudes públicas*

As doenças mentais são fortemente estigmatizadas pelo público em geral na maioria das sociedades. O estigma tem a sua origem na ignorância acerca da natureza destas doenças e nas falsas crenças acerca do comportamento das pessoas que delas sofrem. Na opinião do público, a violência está associada com muitas doenças mentais, uma ligação que é exagerada pelos *media*. Manchetes sensacionalistas tais como "Paciente Perigoso Solto para Matar" muitas vezes aparecem nos jornais, e assassinos psicopatas são um ingrediente padrão nos filmes de terror. Num estudo acerca de atitudes do público no Reino Unido, 71% dos participantes consideraram que as pessoas com esquizofrenia eram perigosas para os outros (Crisp *et al*, 2000). Em tais estudos, a esquizofrenia é vista em segundo lugar, depois apenas do abuso de substâncias, na sua associação com violência. Em vários estudos no Reino Unido, os participantes não conseguiam distinguir esquizofrenia e dificuldades de aprendizagem (Reda, 1996; Wolff *et al*, 1996a; Leff, 1998).

Uma série de estudos foi levada a cabo como parte do programa global da Associação Mundial de Psiquiatria para reduzir o estigma e discriminação em relação à esquizofrenia. Os questionários incluíram itens sobre conhecimento acerca da doença, atitudes em relação aos serviços de psiquiatria na comunidade, crenças acerca do resultado, e distância social preferida das pessoas com a doença. As atitudes mais positivas foram dos participantes do Canadá, Alemanha e Polónia, enquanto as mais negativas foram encontradas na Grécia, Japão, Macedónia e Turquia (Leff e Warner, 2006, pp. 29-30). Uma explicação possível para a variação nas atitudes revelada por estes estudos é que o Canadá, Alemanha e Polónia têm sistemas estatais compreensivos de cuidados de saúde e começaram a substituir os hospitais psiquiátricos por serviços na comunidade, enquanto nos outros quatro países os cuidados psiquiátricos são dominados pelos antigos hospitais psiquiátricos. O Japão é o único país desenvolvido a aumentar o número de camas nos hospitais psiquiátricos nos anos recentes, e as tentativas pelo governo para incentivar os hospitais privados a desenvolverem serviços comunitários têm sido amplamente ineficazes. Se esta explicação for correcta, então uma mudança no foco dos serviços psiquiátricos dos hospitais para a comunidade deveria resultar num melhoramento das atitudes do público.

A segregação das pessoas com doença mental do resto da sociedade permite despoletar medos e fantasias sobre loucura. Em contraste, o contacto com pessoas mentalmente doentes reduz o medo da violência (Rabkin *et al*, 1984; Link and Cullen, 1986; Link and Phelan, 2004) e aumenta a vontade de interagir socialmente com uma pessoa com esquizofrenia (Angermeyer e Matschinger, 1997). Além disso, quando os pacientes são "despejados" dos hospitais psiquiátricos para viverem em casas comuns na comunidade, os residentes locais estão geralmente pouco conscientes da natureza dos seus novos vizinhos (Reda, 1995). Contudo, a maior parte das comunidades irão conter grupos de pessoas que têm estereótipos muito negativos acerca da doença mental e que se irão opor fortemente à habitação dos pacientes despejados na sua vizinhança (Repper *et al*, 1997). Tomando acções políticas estes grupos são, por vezes, bem sucedidos na prevenção da criação de residências protegidas na sua área. No Reino Unido, técnicos que planeiam os serviços comunitários adoptaram a política de estabelecer residências protegidas tão clandestinamente quanto possível para evitar oposição. Infelizmente, esta estratégia falha em recrutar o número considerável de vizinhos cujas atitudes acerca das pessoas mentalmente doentes são positivas (Wolff et al, 1996a).

Um número de tentativas tem sido feito para usar os *mass media* para mudar as atitudes do público em relação à doença mental, mas estas encontraram pouco sucesso (Cumming and Cumming, 1957; Gatherer and Reid, 1963; Paykel et al, 1998). Isto é em parte atribuível ao custo extremamente elevado de manter uma campanha por meses ou mesmo anos e utilizar uma variedade de meios de comunicação: rádio, televisão, jornais, e anúncios na rua. As grandes organizações comerciais levam a cabo regularmente campanhas desta escala, mas o custo é acima dos recursos dos serviços de saúde. Uma alternativa viável é atingir grupos específicos (Rogers, 1996), tal como foi feito em Calgary, Canadá, onde uma campanha direccionada para estudantes do ensino superior foi bem sucedida, tendo resultado no aumento do conhecimento dos estudantes acerca da esquizofrenia e na diminuição da sua distância social preferida em relação às pessoas com esta doença (Stuart e Arboleda-Flórez, 2001).

Outro exemplo, de uma campanha direccionada para grupos-alvo diz respeito a pacientes crónicos despejados dos hospitais psiquiátricos no sul de Londres (Wolff et al, 1996b). Dois grupos de pacientes do hospital foram transferidos para duas residências protegidas, cada um em diferentes áreas. Em ambas as localidades, foi conduzido um estudo do conhecimento, atitudes e intenções comportamentais dos vizinhos. Na rua experimental uma campanha educacional foi instaurada, enquanto na outra, que funcionava como controlo, não ocorreu qualquer intervenção. Após o mesmo período de tempo, os vizinhos nos grupos experimental e controlo foram avaliados novamente. Os pacientes em ambas residências protegidas foram também entrevistados para determinar a extensão da sua rede social. Para a campanha de educação foi feito um vídeo que explicava os objectivos da retirada dos pacientes dos hospitais psiquiátricos, dando-lhes uma nova vida na comunidade. Isto foi complementado com folhetos de informação sobre doenças psiquiátricas e cuidados comunitários. Foi promovido um encontro para os vizinhos à entrada de uma igreja local onde o vídeo foi mostrado e foram feitos pequenos comentários por membros do *staff* e um paciente. Foram oferecidas cópias do vídeo e folhetos aos vizinhos que não foram ao encontro através de visitas de porta em porta. Foram promovidos eventos sociais, tais como leilões e churrascos, pelo grupo da residência, para os quais toda a vizinhança era convidada.

Os estudos conduzidos depois da campanha de educação revelaram que os vizinhos na rua experimental, comparados com aqueles da rua controlo, mostraram um pequeno ganho em conhecimento, menos medo das pessoas mentalmente doentes e uma redução do desejo de os excluir da sociedade. Os vizinhos da rua experimental tinham muito mais probabilidade de saber os nomes dos pacientes, visitá-los, convidá-los para irem a suas casas e considerá-los amigos. Isto foi confirmado com as entrevistas com os pacientes.

Estes dois exemplos de Calgary e Londres mostram que atingir um grupo específico de pessoas é eficaz na redução de atitudes negativas do público, e no caso da experiência de Londres, pode facilitar a inclusão social de pessoas com doenças mentais severas. Enquanto as campanhas de larga escala através dos meios de comunicação social não justificam o seu custo em termos de resultados, as campanhas específicas de pequena escala podem alcançar os seus objectivos com um orçamento relativamente pequeno.

### *A importância do trabalho para pessoas com doenças mentais*

O trabalho, remunerado ou não, oferece um grande número de vantagens. Um trabalho alarga o horizonte social de uma pessoa, expondo-a a um novo grupo de pessoas, com o potencial de desenvolver uma rede social adicional. Um Trabalho confere um papel interventivo na empresa e na sociedade em geral. Quanto mais um indivíduo consegue lidar com as demandas do papel, mais aumenta a sua auto-estima. Isto representa um grande benefício para uma pessoa com doença mental, para quem a auto-estima é menor, tanto pelas incapacidades produzidas pela sua doença como pela reacção dos outros em relação a si (Link *et al*, 1997). Uma das razões apontadas para o melhor resultado das pessoas com esquizofrenia nos países em desenvolvimento em comparação com os países desenvolvidos (Jablensky *et al*, 1992) é o facto de, nos primeiros, mesmo as pessoas que estão bastante incapacitadas pela doença mental poderem ser empregadas nas empresas familiares tal como a agricultura, que envolve poucas responsabilidades em termos de pontualidade e produtividade (Waxler, 1979). A capacidade de contribuir para a economia da família deve aumentar a auto-estima da pessoa e a valorização por parte dos membros da família. O trabalho funciona também com uma distracção dos pensamentos delirantes e das alucinações auditivas. Os pacientes que estão envolvidos num programa de reabilitação activo mostram menos evidência de experiências psicóticas (Wing, Bennet and Denham, 1964).

O trabalho remunerado tem a grande vantagem de ajudar os pacientes a escapar da pobreza. Embora muitos países tenham sistemas de segurança social que fornecem benefícios financeiros para pessoas incapazes de trabalhar devido a doença, estes são apenas suficientes para as necessidades básicas. Bradshaw e colaboradores (1992) descobriram que no Reino Unido em 1991 o valor dos benefícios da segurança social decresceu abaixo do nível requerido para comprar comida e roupas adequadas. Dados mais recentes estão disponíveis no *British National Psychiatric Morbidity Survey* (Estudo Nacional de Morbilidade Psiquiátrica Britânica), conduzido entre Março e Abril de 2000. Usando estes dados, Jenkins (comunicação pessoal) verificou que as doenças psicóticas eram 35 vezes mais comuns entre aqueles que recebiam menos de £100 por semana comparado com aqueles cujo vencimento estava acima de £500 por semana. Um terço dos que tinham uma condição psicótica estava endividado comparado com 12% da população geral. Um em dez tinha tido o telefone desligado devido a dívida, uma séria barreira à comunicação com a família e amigos. Como mencionado acima, a falta de dinheiro restringe significativamente a possibilidade de actividades recreativas que aumentam o contacto com os outros.

Uma importante consideração para um serviço de psiquiatria é que os custos do tratamento para os pacientes que estão a trabalhar são menores do que para os desempregados. O custo económico da esquizofrenia para a sociedade é amplamente devido à perda do poder de rendimento durante muitas décadas. Um benefício adicional é que um foco terapêutico no trabalho como um resultado desejado pode mudar a orientação de um sistema de cuidados das incapacidades dos pacientes para a identificação dos seus pontos fortes e o seu potencial para o crescimento.

## Reabilitação nos hospitais psiquiátricos

O início do processo de desinstitucionalização trouxe a consciência de que os pacientes crónicos precisariam de preparação para a vida no mundo fora do hospital. Consequentemente foram criados programas de reabilitação. De acordo com os objectivos deste capítulo a discussão será confinada aos programas focados no desenvolvimento das competências de trabalho. Era necessário treinar os pacientes nas exigências básicas de um trabalho: ser pontual, respeitar instruções, manter um nível constante de produtividade, trabalhar na companhia dos outros. Tais programas geralmente começam com tarefas relativamente simples, tais como juntar peças de plástico e arrumá-las em caixas. Os pacientes que eram capazes de desempenhar bem estas operações básicas poderiam progredir para trabalhos mais exigentes. Em alguns hospitais foi desenvolvida uma série graduada de trabalhos desde tarefas muito simples a muito sofisticadas. No hospital Netherne no sul de Londres, por exemplo, o nível mais baixo de competência era representado por dobrar caixas para lâmpadas. Os pacientes podiam atingir o nível mais alto, que era instalar peças em motores de Rockets. Como incentivo, os pacientes eram pagos com poucas quantias de dinheiro dependendo da sua produtividade. Contudo, estes ordenados não eram de modo algum comparáveis aos vencimentos em mercado normal. No hospital Friern no norte de Londres, um departamento de terapia industrial sofisticada empregava 120 pacientes diariamente, alguns dos quais vinham das suas casas na comunidade onde nada comparável estava disponível. O paciente mais bem pago havia trabalhado como engenheiro, e no hospital estava a perfurar buracos precisos em blocos de metal. Também havia uma secção de carpintaria em que os pacientes construíam móveis de madeira desenhados por um dos monitores. Com excepção da mobília, os trabalhos eram contratados por empresas externas que entregavam os materiais ao hospital e recolhiam os produtos acabados. Os pacientes que achavam a velocidade do trabalho de montagem muito exigente tinham a opção de trabalhar numa secção de hortofloricultura. Aqui cultivavam flores e vegetais que eram vendidos ao staff e aos visitantes numa loja no edifício do hospital. Esta forma de trabalho envolvia muito menos pressão do que as outras secções e era nalguns aspectos mais satisfatória, no sentido dos pacientes poderem ver os resultados da sua actividade ao longo do tempo e apreciar o ciclo das estações.

## A transição para a comunidade

A colocação de pacientes crónicos em residências na comunidade confrontou os responsáveis pela transição com problemas de recolocar as instalações de reabilitação fora do hospital. Estes problemas originaram-se no facto dos hospitais psiquiátricos serem uma organização intensivamente centralizada enquanto as residências comunitárias estão amplamente dispersas. Muitos dos pacientes colocados tinham dificuldade em usar transportes públicos, particularmente quando as viagens requeriam a mudança de um autocarro para outro. Tornava-se evidente que uma unidade de reabilitação centralizada não seria capaz de servir todos os pacientes que dela precisassem. A alternativa, múltiplas unidades distribuídas pela área em que os pacientes estavam a viver, colocou outros problemas práticos. Se as unidades estavam dispersas, nenhuma unidade singular teria uma força de trabalho suficientemente grande para arcar com um pedido inteiro. Por isso, seria necessário fornecer transporte para distribuir trabalho a todas as unidades e para recolher o trabalho acabado e entregá-lo às empresas que contrataram o serviço. O custo disto seria impeditivo e então foi decidido que não era viável reproduzir as unidades de reabilitação hospitalares na comunidade.

Além disso, um novo tipo de paciente estava a emergir com diferentes necessidades de reabilitação. Estes pacientes eram admitidos em hospitais psiquiátricos ou enfermarias de hospitais gerais com doenças agudas, e eram enviados com alta para casa após um período relativamente curto, sendo deixados com incapacidades que requeriam reabilitação. Eles tendiam a ser mais jovens, particularmente se fosse o seu primeiro episódio de doença, enquanto os pacientes crónicos tinham muitas vezes 60 ou mais anos. De facto, uma proporção considerável dos últimos passou a idade usual de reforma e estava sem disposição para atender às facilidades do trabalho uma vez deixado o hospital. Os pacientes mais jovens com incapacidades tinham expectativas diferentes do grupo dos mais velhos. Muitos estavam na flor da idade e esperavam encontrar trabalho em mercado normal que forneceria um salário. Era evidente que para esta população mais jovem a reabilitação precisava de tomar uma forma diferente. A resposta profissional foi criar oficinas protegidas (*sheltered workshops*).

## Oficinas protegidas

A ideia na qual o emprego protegido é baseado não é na sua essência diferente daquela que predominou nas unidades de reabilitação hospitalares; nomeadamente uma série gradual de tarefas que progressivamente dotaria o paciente de competências de trabalho. A diferença é a de que uma grande proporção de pacientes tem a expectativa de fazer a transição para o mercado normal de trabalho. Idealmente, cada novo paciente deveria ser avaliado para determinar as suas deficiências particulares, e depois construído um programa adequado que as focaria. Na prática isto raramente acontece, e as oficinas muitas vezes persistem com a abordagem de tratamento em bloco que caracteriza os programas hospitalares mais institucionais. Além disso, uma vez que os pacientes são deslocados do hospital, eles são confrontados com um perverso incentivo para o trabalho, que é gerado no interior de muitos sistemas de segurança social. Os pacientes empregados em emprego protegido só podem receber um salário até determinado limite. Além disso, os seus benefícios sociais são cortados pela quantidade que recebem acima do limite. Para muitos pacientes com um nível baixo de produtividade, não há qualquer vantagem financeira em trabalhar arduamente. Logo, o sistema desencoraja os pacientes a fazerem um esforço extra para produzir mais, ou mesmo a comparecerem na oficina. Como resultado destas desvantagens, relativamente poucos pacientes em emprego protegido conseguiram obter um emprego em mercado normal de trabalho (Lehman, 1995). Este resultado desolador estimulou o desenvolvimento de um número de alternativas às oficinas protegidas. Estas incluem emprego apoiado e de transição, cooperativas e empresas sociais, assim como condições favoráveis a empregar as pessoas com doença mental nos serviços psiquiátricos.

## Emprego de Transição e Emprego Apoiado

Os programas de emprego de transição foram pioneiros na década de 70 nos Estados Unidos, onde um *clube psicossocial* chamado *Fountain House* foi criado por George Fairweather em Nova Iorque. Esta instituição atende às necessidades psicossociais e ocupacionais dos pacientes, que se tornaram membro do *clube*, logo conferindo-lhes um estatuto mais elevado do que simplesmente o papel de doente. Eles ajudam nas tarefas diárias de gestão do clube, que está aberto durante a noite e fins de semana, bem como nos dias úteis, fornecendo um meio social para os membros, muitos dos quais levariam sem o clube uma existência isolada. Os membros e os técnicos juntam-se em unidades de trabalho durante oito horas por dia com o objectivo de desenvolver competências de trabalho. Quando um membro é considerado pronto para trabalhar em mercado normal, um formador encontra um posto de trabalho numa empresa na área local e aprende como exercer o trabalho. Seguidamente, o formador treina o membro seleccionado nas competências necessárias e coloca-o no posto por um determinado período, geralmente seis meses. Após este tempo o membro tem de encontrar ou ser colocado num novo posto e a vaga é preenchida por outro membro. Cada trabalhador numa posição remunerada é apoiado pelo formador e pode ter reuniões semanais no clubhouse e receber jantar. Se o membro não puder trabalhar em qualquer altura, o formador encontrará outro membro para trabalhar nesse dia ou fará ele próprio o trabalho.

O objectivo do emprego de transição é dotar o paciente com as competências básicas de trabalho que o capacitarão a passar para uma posto permanente não apoiado em mercado normal de trabalho. Na prática, os dados que evidenciam os resultados deste trabalho são ainda poucos (Lehman, 1995), e a insatisfação com esta abordagem aplicada às pessoas com doença mental severa levou ao desenvolvimento do modelo de emprego apoiado. Este difere do modelo de emprego de transição no facto do emprego ser permanente. No início da colocação a pessoa com doença mental é totalmente apoiada por um técnico, o qual reúne com os empregadores para explicar as necessidades da pessoa. À medida que o trabalhador adquire as competências necessárias e ganha confiança na sua capacidade para desempenhar tarefas, o apoio é gradualmente retirado e fornecido a outro cliente a começar um novo de trabalho. Como resultado o número de posições de emprego apoiado continua a crescer ao longo do tempo. A partilha de trabalho é uma opção para aqueles que são incapazes de lidar com as exigências de um posto em regime de *full-time*. As competências e preferências dos indivíduos podem ser consolidadas seleccionando um emprego apropriado, e é possível a progressão para postos melhor pagos.

A equipa deve estar situada na instituição de saúde mental para assegurar a integração entre os serviços clínicos e ocupacionais. Cada técnico tem uma lista de cerca de 30 doentes, mas os membros da equipa ajudam-se uns outros com as tarefas necessárias. Cerca de metade do tempo dos técnicos é passado fora do gabinete supervisionando e treinando os clientes nos seus trabalhos e cooperando com os empregadores. Há bons dados empíricos que evidenciam a eficácia do emprego apoiado nos Estados Unidos (Drake, Becker e Biesanz, 1996; Bond, 2004), mas tem sido publicada pouca investigação nos países europeus. Um estudo recente no Reino Unido (Rinaldi e Perkins, 2007) mostrou que a introdução do emprego apoiado em oito equipas de saúde mental comunitária no sul de Londres foi seguida por um aumento de duas a três vezes mais do número de clientes em mercado normal.

*Empresas e cooperativas sociais*

As empresas sociais foram inicialmente desenvolvidas como parte do programa italiano de desinstitucionalização, oficialmente reconhecido em 1978 com a aprovação da Lei 180 que proibia quaisquer admissões em hospitais psiquiátricos por toda a Itália. Uma empresa ou cooperativa social é criada para fornecer oportunidades de emprego a pessoas com incapacidade, física ou mental. Todo o trabalhador na cooperativa recebe um ordenado de mercado competitivo compatível com o seu trabalho, apesar do nível de produtividade. As empresas sociais operam em mercado aberto em competição com empresas públicas e privadas. A primeira empresa para pacientes psiquiátricos desinstitucionalizados foi criada em Trieste e prestava serviços na área da limpeza e manutenção de edifícios públicos. Em 1985 expandiu para empregar 130 trabalhadores. Em 1994 o consórcio em Trieste expandiu para incluir um Hotel, um Café, um Restaurante, uma empresa de transportes e uma companhia de restauração de edifícios. O Hotel Tritone, gerido inteiramente por ex-pacientes, teve particularmente sucesso. Este projecto ilustra uma das principais vantagens das empresas sociais, nomeadamente a fornecimento de postos com uma ampla variedade de níveis de responsabilidade. Os níveis administrativos mais elevados exigem competência em relação ao *staff*, e um conjunto de outras técnicas de gestão. A natureza de um posto de trabalho deste tipo pode envolver o interesse de pacientes com maior capacidade e aspirações mais elevadas, que se aborrecem e ficam insatisfeitos com tarefas de montagem rotineiras.

Outro exemplo italiano, situado em Arezzo, é uma oficina para construir brinquedos de madeira desenhados por um talentoso membro do *staff*. Os brinquedos são vendidos numa loja no centro da cidade que é gerida pelos pacientes, levando-os necessariamente ao contacto com pessoas do público. Uma organização de apoio para as empresas sociais foi criada em Itália em 1996 e fornece serviços directos tais como contabilidade, aconselhamento legal, planeamento de mercado e de negócio, e formação. O exemplo de Itália foi seguido por um número de países europeus. A Alemanha tinha cerca de 300 empresas sociais em 1999, as quais tinham 6000 trabalhadores, enquanto a Grã-Bretanha actualmente tem mais de 70, empregando muitas dezenas de pessoas. A mais antiga é uma loja de impressão e emolduramento no centro de Londres. Uma empresa interessante perto da cidade de Maidenhead, sudeste de Londres é chamada Blackthorn Project. Está ligada a um grande grupo de consultórios de médicos de família e inclui uma horta de vegetais orgânicos e um Café que utiliza os produtos da Horta. Tal como outras empresas sociais fornece uma vasta gama de empregos, desde fazer sanduíches na cozinha do Café à gestão do Café e da horta. É muito popular com os pacientes que frequentam o consultório dos médicos de família e logo possibilita aos trabalhadores da cooperativa contacto social com membros do público.

### *Empregar pessoas com doença mental nos serviços psiquiátricos*

No Reino Unido o Serviço Nacional de Saúde (SNS) é o maior empregador laboral na Europa. Poderia argumentar-se que o SNS tem a obrigação de contratar pessoas cujas incapacidades resultam da doença. Na verdade, no Reino Unido existe legislação que determina que as empresas que empregam mais de um certo número de trabalhadores devem oferecer dois por cento dos cargos a pessoas com incapacidades. No entanto, a lei não inclui qualquer cláusula extra para as pessoas com doenças mentais. Por conseguinte, os empregadores podem cumprir a sua quota de trabalhadores incapacitados pela contratação de apenas pessoas com incapacidades físicas. Este problema foi abordado por um dos Responsáveis do SNS no sudoeste de Londres. O grupo Pathfinder de centros de formação para a inclusão presta serviços a pessoas com condições psiquiátricas e por uma questão de política assegurou que dez por cento de seus empregados são pessoas com uma doença psiquiátrica. Estes trabalhadores não são pessoas que sofrem de depressão ou ansiedade mas pessoas com doença psicótica que se encontram em remissão ou num nível estável de sintomas (Harding, 2005 Rachel Perkins).

Outro exemplo desta política de emprego vem do Colorado, EUA. Um grupo de Denver desenvolveu um programa para formar pessoas com doença mental severa para serem assessores de gestores de caso (*case manager*), membros do *staff* em residências protegidas e formadores nos centros de saúde mental. Desde que o programa foi iniciado, mais de cem mil pessoas com doença mental foram colocadas em empregos por todos os serviços psiquiátricos. Dois terços mantêm os empregos nos serviços dois anos após completar o programa de formação. Um esquema similar opera em Boulder, onde o centro de saúde mental emprega pessoas com doença mental como assessoras de *gestores de caso*, conselheiros residenciais, formadores, *staff* de Clubes psicossociais, trabalhadores de escritório e entrevistadores de investigação.

## Conclusão

Estes programas inovadores não substituem necessariamente as mais tradicionais oficinas protegidas, que têm ainda um lugar no atendimento de pessoas que estão tão incapacitadas pelos seus sintomas psiquiátricos que consideram as exigências do mercado normal além das suas capacidades. Nem é apropriado que qualquer modelo seja promovido à custa das outras alternativas. Em vez disso, é necessário reconhecer que as pessoas com doença mental não constituem um grupo homogéneo, mas representam uma ampla variedade de capacidades e graus de tolerância à pressão que um trabalho envolve. Os serviços psiquiátricos deveriam ter como objectivo a pluralidade, prestando tanto quanto possível muitos destes modelos, de modo que seja conhecida a maior parte, senão todas, as necessidades dos clientes para que o trabalho seja útil e gratificante. Se esta política for adoptada, as pessoas com doença mental terão oportunidade de aumentar a sua auto-estima pelo envolvimento em trabalho valorizado, e de se integrarem na sociedade dos seus concidadãos.

## Referências

ANGERMEYER, M.C. and MATSCHINGER, H. (1996). The effect of personal experience with mental illness on the attitude towards individuals suffering from mental disorders. *Social Psychiatry and Psychiatric Epidemiology*, **31**, 321-326.

BOND, G.R. (2004) Supported employment: evidence for an evidence-based practice. *Psychiatric Rehabilitation Journal*, **27**, 345-349.

BRADSHAW, J., HICKS, L. and PARKER, H. (1992). *Summary Budget Standards for Six Households, Working Paper 12*, Family Budget Unit York, Department of Social Policy, University of York.

CARRIER, J. and KENDALL, I. (1997). Evolution of policy. In *Care in the Community: Illusion or Reality?* ed. J. Leff, Chichester: John Wiley and Sons, pp. 3-20

CRISP, A.H., GELDER, M.G., RIX, S., MELTZER, H.I. and ROWLANDS, O.J. (2000). Stigmatization of people with mental illnesses. *British Journal of Psychiatry*, **177**, 4-7.

CUMMING, E. and CUMMING, J. (1957). *Closed Ranks – an Experiment in Mental Health Education*, Harvard: Harvard University Press.

DAYSON, D. (1992). The TAPS Project 15: The social networks of two group homes: a pilot study. *Journal of Mental Health*, **1**, 99-106.

DRAKE, R.E., BECKER, D.R., BIESANZ, J.C. et al. (1994). Rehabilitation day treatment vs. supported employment: 1. vocational outcomes. *Community Mental Health Journal*, **30**, 519-532.

DUNN, M., O'DRISCOLL, C., DAYSON, D., WILLS, W. and LEFF, J. (1990). The TAPS Project 4: An observational study of the social life of long-stay patients. *British Journal of Psychiatry*, **157**, 842-848.

GATHERER, A. and REID, J.J.A. (1963). *Public Attitudes and Mental Health Education*, Northampton: Northamptonshire Health Department.

JABLENSKY, A., SARTORIUS, N., ERNBERG, G., et al. (1992). Schizophrenia: manifestations, incidence and course in different cultures. A World Health Organization ten-country study. *Psychological Medicine* monograph (Suppl. 20), 97.

JONES, D. (1993). The TAPS Project. 11: The selection of patients for reprovision. In (ed. J.Leff) *Evaluating community placement of long-stay psychiatric patients, British Journal of Psychiatry*, **162** (Suppl. 19), 36-39.

LEFF, J. (1998). MORI survey on public attitudes to schizophrenia. *Primary Care Psychiatry*, **4**, 107.

LEFF, J., O'DRISCOLL, C., DAYSON, D., WILLS, W. and ANDERSON, J. (1990). The TAPS Project 5: The structure of social-network data obtained from long-stay patients. *British Journal of Psychiatry*, **157**, 848-852.

LEFF, J., TRIEMAN, N., KNAPP, M. and HALLAM, A. (2000) The TAPS Project: A report on 13 years of research, 1985-1998. *Psychiatric Bulletin*, **24**, 165-168.

LEFF, J. and WARNER, R. (2006) *Social Inclusion of People with Mental Illness*. Cambridge: Cambridge University Press.

LEHMAN, A.F. (1995). Vocational rehabilitation in schizophrenia. *Schizophrenia Bulletin*, **21**, 645-656.

LIBERMAN, R.P., MUESER, K.T., WALLACE, C.J., JACOBS, H.E., ECKMAN, T. and MASSEL, H.K. (1986) Training skills in the psychiatrically disabled: learning coping and competence. *Schizophrenia Bulletin*, **12**, 631-647.

LIBERMAN, R.P. and SILBERT, K. (2005) *Community Re-Entry: Development of Life Skills*. New York: Guilford.

LINK, B. and CULLEN, F.T. (1986). Contact with the mentally ill and perceptions of how dangerous they are. *Journal of Health and Social Behavior*, **27**, 289-303.

LINK, B. and PHELAN, J. (2004). Fear of people with mental illness: The role of personal and impersonal contact and exposure to threat or harm. *Journal of Health and Social Behavior*, **45**, 68-80.

LINK, B.G., STRUENING, E.L., RAHAV, M., PHELAN, J.C. and NUTTBROCK, L. (1997). On stigma and its consequences: Evidence from a longitudinal study of men with dual diagnosis of mental illness and substance abuse. *Journal of Health and Social Behavior*, **38**, 177-190.

MORGAN, R. (1979). Conversations with chronic schizophrenic patients. *British Journal of Psychiatry*, **134**, 187-194.

MUESER, K.T., DRAKE, R.E. and BOND, G.R. (1997). Recent advances in psychiatric rehabilitation for patients with severe mental illness. *Harvard Review of Psychiatry*, **5**, 123-137.

PAYKEL, E.S., HART, D. and PRIEST, R.G. (1998). Changes in public attitudes to depression during the Defeat Depression Campaign. *British Journal of Psychiatry*, **173**, 519-522.

RABKIN, J.G., MUHLIN, G. and COHEN, P.W. (1984). What the neighbours think: community attitudes toward local psychiatric facilities. *Community Mental Health Journal*, **20**, 304-312.

REDA, S. (1995). Attitudes towards community mental health care of residents in north London. *Psychiatric Bulletin*, **19**, 1-3.

REPPER, J., SAYCE, L., STRONG, S., WILLMOT, J. and HAINES, M. (1997). *Tall Stories from the Backyard: A Survey of "Nimby" Opposition to Mental Health Facilities Experienced by Key Service Providers in England and Wales*. London: Mind.

RINALDI, M. and PERKINS, R. (2007) Implementing evidence-based supported employment. *Psychiatric Bulletin*, **31**, 244-249.

ROGERS, E.M. (1996). The field of health communication today: An up-to-date report. *Journal of Health Communication*, 1, 15– 23.

STUART, H. and ARBOLEDA-FLÓREZ, J. (2001) Community attitudes toward people with schizophrenia. *Canadian Journal of Psychiatry*, **46,** 245-252.

WAXLER, N.E. (1979). Is outcome for schizophrenia better in nonindustrial societies? The case of Sri Lanka. *Journal of Nervous and Mental Diseases*, **167**, 144-158.

WING, J.K., BENNETT, D.H. and DENHAM, J. (1964) The industrial rehabilitation of long-stay schizophrenic patients. A study of 45 patients at an industrial rehabilitation unit. *Medical Research Council Memo.* **42**, 1-42.

WOLFF, G., PATHARE, S., CRAIG, T. and LEFF, J. (1996a). Community knowledge of mental illness and reaction to mentally ill people. *British Journal of Psychiatry*, **168**, 191-198.

WOLFF, G., PATHARE, S., CRAIG, T. and LEFF, J. (1996b). Public education for community care: a new approach. *British Journal of Psychiatry,* **168**, 441-447.

# REABILITAÇÃO E CUIDADOS CONTINUADOS – UM MODELO POR ANTECIPAÇÃO

Margarida Cordo[*]

## 1. Introdução

Antes de iniciar esta intervenção queria felicitar a Comissão Organizadora do I Congresso de Reabilitação e Inclusão em Saúde Mental da Universidade de Coimbra, pela iniciativa e pelo valor acrescentado que, a todos, pode trazer, e agradecer, na pessoa do Senhor Professor Manuel Viegas Abreu, o convite que me dirigiu.

Como é do conhecimento de todos, estudos recentes apontam para o facto de que cerca de 30% da população em geral sofre de uma perturbação psiquiátrica, estando uma percentagem muito significativa desta sem o tratamento/ abordagem adequados.

Embora não possam ser feitas generalizações e as perturbações sejam as mais variadas e de gravidades também elas díspares, requerendo, portanto, uma enorme gama, se assim se pode dizer, de intervenções, é necessário pensar (e esta reflexão é para isso dirigida) nas doenças graves ou mais graves, do foro psicótico, que têm percursos, frequentemente esgotantes e esgotados, de instituições, histórias de cronicização, caminhos de maior adoecimento, por vezes mais contextual e circunstancial do que resultante da patologia em si mesma.

Assim, há que tomar consciência da importância do contexto em tudo o que se faz e, em domínios especialmente sensíveis, como é este de habilitar ou voltar a habilitar em psiquiatria e saúde mental, a respon-

---

[*] Psicóloga Clínica. Coordenadora de Serviços de Reabilitação da Casa de Saúde do Telhal (Instituto de S. João de Deus).

sabilidade fica acrescida, pois não é possível "intervir sem enquadramento", que é como quem diz fazer a coisa certa na circunstância errada.

## 2. Alguns Pressupostos dos Cuidados Continuados

Reflectir numa perspectiva de cuidados continuados em saúde, remete-nos, de acordo com a legislação (nomeadamente o D-L n.º 281//2003, de 8 de Novembro), para a evolução do Serviço Nacional de Saúde no sentido de criar um ..."modelo justo e solidário, designado por rede de prestação de cuidados de saúde" e que tem como objectivo fundamental "...a preocupação de dar às pessoas e aos doentes mais e melhores cuidados de saúde em tempo útil, com eficácia e com humanidade". Fala-se de qualidade de vida, conforto e bem-estar dos cidadãos e preconiza-se que a rede de prestação de cuidados possa ser integrada por entidades públicas, sociais e privadas devidamente habilitadas a intervir de forma qualitativamente positiva na prestação dos referidos cuidados.

Como é óbvio, é fundamental perspectivar critérios de avaliação, qualificação e certificação que permitam seleccionar as entidades devidamente capacitadas a integrarem esta rede.

A título de exemplo, cabe-nos desde já referir que, em termos da filosofia orientadora dos Centros Assistenciais dos Institutos S. João de Deus e das Irmãs Hospitaleiras do Sagrado Coração de Jesus, não restam dúvidas, sobretudo aos que bem conhecem a filosofia da *Hospitalidade,* de que os seus objectivos são consonantes com esta forma de actuar em saúde. Mas o nosso desafio é que, ao serem criados critérios de avaliação/ selecção de recursos disponíveis/ a disponibilizar, se tenha em conta o trabalho que, no terreno, já se faz, a sua pertinência, eficiência e eficácia demonstradas, bem como os modelos tecnicamente válidos a utilizar ou já em utilização.

Estamos a falar em psiquiatria e saúde mental, domínio que tem implicações muito específicas quanto ao tipo de equipamentos que requer. Alguns destes, já anteriormente preconizados (Despacho Conjunto n.º 407//98, de 15 de Maio) e em funcionamento, têm revelado ser uma solução justa, sistémica e de grande qualidade ou seja, até ao presente, a mais desejável. Assim, parece sensato que, partindo do que já existe, se encontrem *consensos que permitam aperfeiçoar as intervenções* e melhor responder às necessidades pragmáticas e realistas, que são, reconhecidamente, de grande amplitude e complexidade.

## 3. A Família e a Comunidade Social

Quando estamos a falar de *redes* e de *equipamentos*, estamos, naturalmente, a pensar em intervenções técnicas especializadas, insubstituíveis e que são, elas mesmas, condição de evolução positiva, sempre que possível ou, em alguns casos, de prevenção da recaída. No entanto, também nas nossas instituições, vimos, desde cedo, reconhecendo e actuando no sentido de estimular a intervenção, insubstituível, das *famílias* e da *comunidade social*.

Se, quando falamos da família, estamos a destacar recursos afectivos, quando falamos da comunidade social, estamos a preconizar a responsabilidade de todos. Como é bom de ver, qualquer destes é manifestamente insubstituível e é requerido como uma complementaridade enriquecedora de qualquer abordagem tecnicamente válida.

Vou, intencionalmente, separar a referência à família dos doentes e à comunidade social em geral, pois, face a cada uma, oferecem-se comentários diferentes.

Diz-me a experiência que é preciso encontrar um *ponto de equilíbrio entre o que se pode exigir à família e o que ela pode dar*. De facto, o apoio técnico a disponibilizar deveria ser proporcional não apenas às necessidades dos doentes, mas ao reconhecido empenhamento das famílias, sabendo-se claramente que este não depende apenas do número de horas de presença (junto do familiar doente), o que seria de uma tremenda injustiça, pois as pessoas necessitam manter não apenas os seus trabalhos, mas também as suas responsabilidades cívicas e com os outros membros que fazem parte do seu seio familiar, mas da disponibilidade em sentido lato, da não demissão do seu papel, do não abandono, da assunção de que este é um problema seu e que os recursos existentes colaboram para o atenuar. Ou seja, isto é o mesmo que dizer que não são as famílias que ajudam as entidades prestadoras de cuidados, mas estas que colaboram com as famílias no *projecto assistencial* das pessoas que dele necessitam.

Embora quase todos tenhamos a tendência espontânea para achar que os problemas que existem "fora da nossa porta" não são nossos nem nos cabe intervir neles, é necessário consciencializarmos que o que devemos fazer não se afere pelo que nos perturba directamente, mas pelo papel social que desempenhamos. Por exemplo, um empresário deve envolver-se no apoio a certas causas, de que pode ser exemplo a *integração de pessoas com doença mental no mercado de trabalho*, não porque tem algum filho ou outro familiar com este problema, mas porque tem que contribuir positivamente para uma sociedade melhor.

Assim, pensamos que a existência de uma *rede de cuidados continuados em saúde mental,* para ser verdadeiramente eficaz, não se pode ficar apenas pela *saúde* e pela consciência de que, neste âmbito, está a ser feito o melhor, mas deve preconizar o alargamento a parcerias (inter-ministeriais) que reflictam e actuem no sentido de aperfeiçoar as legislações existentes no que concerne, nomeadamente, à *responsabilidade social* e ao cumprimento desta, pois a verdade é que não basta "fazer bem no papel", sendo imprescindível proceder à *monitorização do cumprimento do que está regulamentado.*

O conhecimento do "terreno" tem revelado que, nas intervenções em reabilitação psicossocial, por mais abrangentes que sejam, *a maior dificuldade é a integração plena*, ficando esta, na maioria das vezes, interrompida quando se procuram resolver as questões objectivas e primárias da auto-subsistência, por falta absoluta, nuns casos, e escassez, noutros, de respostas que assegurem a integração no mercado de trabalho.

Pensando sempre em intervenções articuladas, cada vez mais me parece que se deveria investir na construção de uma *campanha* esclarecedora, nacional, visível, através da qual se procurasse a *responsabilização motivada de todos,* por causas como as da doença mental e da deficiência, que, pelo menos até ao presente, tão pouco e tão poucos têm mobilizado.

A doença mental, essencialmente, ainda faz parte daquelas "coisas que pensamos que só acontecem aos outros" porque nunca nos deixamos contagiar pela ideia de que "para os outros, os outros somos nós".

## 4. Complementaridades e Oferta de Cuidados

De acordo com a legislação, a prestação de cuidados, técnica e humanamente adequados, a pessoas que deles necessitam por perda de funcionalidade e, consequentemente, de autonomia é, como se sabe, o principal objectivo de uma rede (de cuidados continuados em saúde) que deve dispor de uma *oferta suficientemente abrangente, complementar e integradora*. Nem todas as entidades podem dar as mesmas respostas e é inútil multiplicar aquelas que intervêm apenas de forma similar. Os recursos a disponibilizar (contando, naturalmente, com a integração dos já disponíveis porque, mesmo assim, são escassos) e a eliminar, deveriam ser considerados pela sua *pertinência e qualidade* e não porque pertencem a qualquer entidade que, por tradição não manifesta, trabalha tão bem ou melhor que alguma outra, mas não cumpre alguns requisitos, nomeadamente, no seu quadro de pessoal, por falta de orçamento. É já esgotante, e queremos que faça parte do passado, falar de aspectos financeiros quando preconizamos qualidade e aperfeiçoamento técnico, mas não pode esquecer-se que as entidades assistenciais, para se manterem/ continuarem a existir de forma saudável, têm de ver garantidos meios de sobrevivência que lhes permitam assegurar os seus recursos materiais e humanos.

## 5. Todos Somos Seres em Relação

Antes de prosseguirmos com as nossas reflexões específicas, quero sublinhar um aspecto que me vem fazendo pensar, progressivamente mais, ao longo dos anos. De facto, em algumas entidades, de que são exemplo os Institutos das Ordens Religiosas (e aqui falo apenas como representante do Instituto S. João de Deus), mas não são as únicas, por questões meramente de escassez orçamental, os quadros de pessoal são bastante reduzidos para alcançar os seus objectivos e pragmatizar os planos de actividades delineados. Visto que isto tem sido conseguido (falo, agora, clara e objectivamente do Instituto S. João de Deus) ou seja, visto que temos logrado manter a qualidade e conduzido a nossa acção pelo *pioneirismo* em alguns domínios das intervenções de reabilitação, podemos colocar-nos algumas questões:

– Como e à custa de quê?
– Até quando?
– Que motivação para os recursos humanos, uma vez que têm de fazer mais e são menos recompensados?
– Como prevenir, nestas circunstâncias, o sindroma de burnout das equipas?
...

E tantas mais questões que poderíamos colocar...

Há que perceber (para actuar) que algo está mal. Para alcançar objectivos idênticos, sendo, naturalmente, necessário rentabilizar recursos em todos os contextos, continuam a existir grandes disparidades e é imprescindível que assim não seja. É que, na realidade, para além de todos os riscos que correm as equipas sobrecarregadas, pode haver, pelo menos, um âmbito, que nunca deveria ser posto em causa, amplamente prejudicado – a qualidade da relação estabelecida com os utentes dos serviços, da qual faz também parte a disponibilidade, o envolvimento, o interesse real, o, tantas vezes necessário, "transcender-se para encontrar soluções". De facto, quando o trabalho é excessivo e as recompensas (por si mesmas factores motivacionais) poucas, os profissionais (e isto é por de mais evidente para os que trabalham em psiquiatria e saúde mental) tendem a "proteger-se", respondendo aos pacientes de forma despersonalizada e utilizando a desumanização dos cuidados em defesa própria.

Temos plena consciência que o *"cuidar das equipas"* e a qualidade da sua liderança não depende apenas destes factores, que se poderiam resumir a excesso de trabalho e escassez de recompensa. No entanto, eles são demasiado pregnantes para que possam ser ignorados como factores de risco face ao bom funcionamento das entidades e ao garante da qualidade dos serviços por elas prestados (sem nunca esquecermos que desta, como já se disse, faz parte a *qualidade da relação estabelecida com utentes e famílias*).

Assim, o que uma entidade pode fazer não deve ser aferido apenas nem essencialmente pelo que ela já faz, mas por *critérios equitativos e justos*, de modo que todos sintam que estão a ter uma carreira digna e um percurso profissional gratificante.

Nunca é de mais sublinhar que a motivação é o motor essencial do comportamento e que, para que esta se construa e se mantenha, têm de existir *fontes consistentes de auto-realização e de reconhecimento*.

## 6. As Pessoas com Doença Mental e as Suas Referências

É por todos reconhecida a importância (para qualquer um de nós) da manutenção e da valorização quotidiana das nossas referências essenciais como a casa, o local de residência, os recursos da comunidade, as pessoas que integram a nossa rede de relações, etc. De facto, isto é ainda mais real quando falamos de pessoas com doença mental que, na sua maioria, já tiveram a infelicidade de ver a sua história e o seu futuro previsível interrompidos por uma circunstância adversa que, em boa parte, não está ao seu alcance controlar.

Seja qual for o momento por que estamos a passar, sempre delineamos projectos individuais (e, consequentemente, subjectivos) e, nesta medida, os planos que traçamos fazem-nos construir "mapas mentais" que precisamos que sejam realistas e securizantes.

Quando a doença mental acontece, há uma necessidade clara de proceder à reformulação de horizontes que, para não ser tão perturbadora quanto poderia sê-lo, tem de ser baseada em pressupostos válidos e tecnicamente reconhecidos, apoiados por entidades/ pessoas capazes de intervir na satisfação das novas necessidades, tendo em conta que, apesar dos obstáculos, devem coexistir o menor custo e o maior benefício.

Temos bem claro que é preciso distinguir as entidades já existentes daquelas que tenham de vir a ser criadas. No entanto, urge proceder à diversificação de recursos sem preconceitos de que o que já está no terreno com uma história mais ou menos longa, nomeadamente de prestação de cuidados através de internamento e de institucionalização, não serve para alcançar os novos objectivos (visto que todos eles passam e fazem sentido através da comunidade, nela e para ela). O "know-how" que é possuído, bem como a experiência e alguns resultados já avaliados, provam que, para além da actual *qualidade do trabalho realizado*, existe *capacidade e desejo de flexibilização* e de abertura a novos procedimentos que só ainda não foram implementados, na sua maioria, por incapacidade financeira. Disto é exemplo um projecto de *apoio domiciliário integrado em saúde mental*, que, há alguns meses, "desenhámos" na Casa de Saúde do Telhal (entidade que é pertença do Instituto S. João de Deus) e que foi alvo de uma candidatura ao Programa de Apoio Financeiro às Instituições sem Fins Lucrativos do Concelho de Sintra.

Apesar de, como se pode depreender do que fica dito, estar muito presente o desejo de inovação e de mudança, continuamos a acreditar que a *retaguarda institucional*, tanto quanto possível sem recurso à institucionalização/ internamento, ainda é um valor acrescentado, em algumas circunstâncias. O facto de algumas pessoas com doença mental, residentes na comunidade, nela persistirem e se manterem, é devido, frequentemente, à *capacidade de resposta (rápida) por parte das equipas institu-*

*cionais*, devidamente preparadas para intervir na crise e prevenir, na maioria das vezes, reinternamentos que tenderiam a ser sucessivos até que se fizessem substituir por um de carácter prolongado.

### 7. Necessidade das Instituições de Internamento?

Este subtítulo só poderia ser colocado como uma questão e não com um carácter afirmativo, mas não podemos deixar de, sobre ele, reflectir.

Como vimos no ponto anterior, e vários estudos internacionais são unânimes em demonstrá-lo, a melhor resposta a nível de assistência em psiquiatria e saúde mental deve possibilitar que a pessoa permaneça no seu domicílio, para que, como já dissemos, preserve as suas referências.

As equipas e os projectos de apoio domiciliário são, pois, e como já se fez referência, uma resposta que se quer urgente, abrangente e muito necessária.

Sem negar e até sublinhando o que se acaba de dizer, convém não esquecer que os *equipamentos residenciais* que já existem e os que estão a ser preconizados ao nível da Rede de Cuidados Continuados de Saúde Mental (Unidades de Convalescença, Unidades de Média Duração e de Reabilitação para Treino Residencial e de Autonomia, Unidades de Longa Duração e Manutenção, etc.), terão de se multiplicar, pois continuam a existir pessoas com transtorno psíquico que, mesmo com apoio domiciliário, não conseguirão permanecer nas suas residências ou porque não reúnem condições para viverem sós ou porque, mesmo com enquadramento familiar adequado, a sua permanência nele é demasiado perturbadora.

Pensamos, ainda, que embora com *valências diversificadas, modelos de intervenção sustentados e flexibilização à inovação*, as instituições existentes têm de reservar uma parcela dos seus recursos para aqueles casos que as famílias conhecem bem (e a comunidade mais atenta também sabe do que estamos a falar) que não reúnem condições nem beneficiam pelo facto de viverem na comunidade. Sabemos que, no presente, são cada vez mais escassos e, quanto menores forem as probabilidades de institucionalização precoce, mais escassos serão. No entanto, não é possível legislar sem deixar margem e escamoteando situações que se sabe que existem e às quais os recursos da comunidade não conseguem dar resposta, por mais que se esforcem e se disponibilizem.

Não posso evitar referenciar os contornos de um pedido de internamento recente (entre tantos) que chegou à Casa de Saúde do Telhal e que dizia, sensivelmente isto – homem de cerca de 40 anos, internado há mais de seis meses "numa instituição que não pode ter internamentos de duração superior a esta", com família sem quaisquer recursos para o integrar, sem controlo de esfíncteres, autónomo ao nível da marcha e da alimentação, com grandes dificuldades ao nível da comunicação verbal e com raptos agressivos relativamente frequentes (não controlados pela medicação) ... Não adianta prosseguir. O que importa é que situações como esta e mais graves continuam a não ter resposta e a perturbar múltiplas vidas (das famílias) de forma avassaladora e que deve ser preocupação de todos nós – *Quem irá responder a estas "franjas"?*

Temos de pensar na criação de um *sistema de suporte de longa duração* não apenas para os mais autónomos, mas também para as pessoas com doença mental que têm grandes limitações e poucas competências de autonomia, para já não falar das que se encontram totalmente dependentes. Não será, decerto, nas famílias, tantas vezes envelhecidas, que poderemos encontrar estas respostas. Elas precisam de se sentir seguras e de perceber que o futuro está, tanto quanto isso é possível, assegurado.

Não estamos a negar a importância dos serviços que "oferecem" permanências de *alívio programado* para as famílias. No entanto, este é, metaforicamente falando, um "cuidado paliativo para o equilíbrio familiar" que não serve de modo sustentado as situações de doença crónica e evolutiva como são os casos mais graves de doença mental.

## 8. Dimensões das Instituições

Sabemos que muito tem sido discutido para se alcançarem consensos relativamente às lotações das Unidades que integram a Rede de Cuidados Continuados de Saúde Mental. Na prática, quanto menores estas forem, mais humanizados serão os cuidados prestados. No entanto, o equilíbrio é sempre conseguido através da avaliação criteriosa das duas vertentes do binómio que aqui está em causa – o possível e o desejável ou seja a *melhor qualidade da intervenção ao menor custo*. Neste sentido há que entrar em linha de conta com aspectos como as exigências específicas da população assistida, outros cuidados a prestar, instalações, membros e tempos de permanência das equipas, sua supervisão, recursos institucionais já existentes, fontes de financiamento, parcerias, etc.

Não podemos deixar de colocar como desafio o facto de não se deverem perder de vista todos os recursos assistenciais de psiquiatria e saúde mental que já existem neste País, fazendo um *levantamento exaustivo e detalhado dos equipamentos disponíveis* (e não apenas dos números respeitantes às pessoas assistidas) a fim de evitar sobreposições de respostas e inevitável escassez de outras. Complementarmente, deveria também ser efectuado um levantamento realista das *necessidades existentes em cada Concelho*, com base em instrumentos uniformizados e de fácil utilização e leitura.

Se, na totalidade do que já existe e apesar das respostas consistentes que encontramos, não há recursos suficientes, é preciso acrescentá-los em conformidade com as *necessidades devidamente diagnosticadas*. Quem sabe, por exemplo, se (para além de outros instrumentos, como acima referimos) não faria sentido *analisar as listas de espera* das diversas entidades e as problemáticas das pessoas que nelas se encontram. Os pedidos de assistência/ internamento são um manancial de informação único que, decerto, contribuirá significativamente para nos apercebermos do que acontece no tecido social global, em termos de perturbação, directa ou indirectamente devida a doença mental. Quantas sobreposições encontraríamos? Quantas histórias iguais (e tantas vezes a mesma história) são de todas as instituições porque não conseguem chegar a ser de nenhuma? Quantos movimentos desesperados fazem com que as pessoas procurem, a qualquer preço, soluções mesmo indesejáveis, mas aceites por serem as únicas possíveis?

## 9. Começando a Pragmatizar

Não vou querer repetir-me relativamente a outras reflexões que já fiz ou textos que já escrevi. No entanto, é preciso ter em conta que a nossa intervenção em reabilitação psicossocial está sempre em evolução e que há um pano de fundo comum há já algum tempo, ao qual tem que se fazer referência, pois isto acontece de forma dinâmica e crescente. Para além disso, ele constitui o *modelo antecipatório de continuidade de cuidados* a que, no Instituto S. João de Deus, se vem dando corpo há mais de uma década.

Assim, os Serviços de Reabilitação da Casa de Saúde do Telhal (e sirvo-me destes como exemplo prático, embora esta seja a orientação

dada a todos os Centros Assistenciais do Instituto S. João de Deus) estão divididos em:
- *Valências Residenciais (intrainstitucionais e comunitárias);*
- *Valências Ocupacionais (intrainstitucionais e comunitárias);*
- *Valências Transversais ou de Intersecção* que promovem a ocupação estruturada dos tempos livres e desenvolvem programas de interesse cultural, desportivo e de lazer em sentido lato. Embora estas também sejam actividades ocupacionais, distinguem-se das anteriores por não serem nem actividades produtivas/ trabalho, nem actividades de formação. Por outro lado, os utentes dos nossos serviços que ainda se encontram a residir em unidades de internamento prolongado participam também nestes projectos e tem-se verificado que, em alguns casos, eles fazem a ponte para o desenvolvimento de um programa integrado que conduz a percursos reabilitativos, podendo chegar até à desinstitucionalização.

Passo, em seguida, a referir com mais detalhe, embora muito sinteticamente, os projectos concretos (voltando a referir que falo apenas dos da Casa de Saúde do Telhal como paradigma da instituição mais vasta – Instituto S. João de Deus):

Nesta perspectiva, e relativamente às valências residenciais, possuímos cinco apartamentos na comunidade (quatro dos quais são *unidades de vida autónoma* e (um) *protegida*) com capacidade para seis residentes cada. Intrainstitucionalmente, temos três unidades com, respectivamente, vinte, dezoito e sete camas, sendo esta última uma *unidade de transição e treino de competências* com vista ao alcance dos "skills" necessários para viverem em autonomia e, quanto possível, se desinstitucionalizarem, tendo em conta que trabalhamos, ainda, com pessoas com doença mental, algumas das quais permaneceram institucionalizadas ao longo de vários anos.

Antes de prosseguir há que sublinhar que estamos apenas a descrever sucintamente os projectos de reabilitação psicossocial e não toda a estrutura hospitalar que é também integrada por unidades de internamento prolongado, clínica de agudos, unidade de psicogeriatria, centro de tratamento de alcoólicos, etc.

Prosseguindo, de novo, com os projectos de reabilitação e, no que se refere às valências ocupacionais, destacamos:
- A *Formação Profissional* – até ao presente já foram concluídos onze cursos ao abrigo dos vários programas de co-financiamento

entre o Fundo Social Europeu e Estado Português, estando, presentemente, a decorrer três ao abrigo do Programa Constelação – Marcenaria e Restauro de Móveis, Pintura de Construção Civil e Tratadores de Cães. Estes, em simultâneo, têm 24 formandos, embora o número total seja superior a 30, pois alguns estão já integrados em estágios e outros no mercado de trabalho. Para isto, contamos com uma técnica de reabilitação e inserção social que realiza um módulo de gestão de stress e faz a tarefa difícil (e algumas vezes inglória) de promover a integração profissional.

Ao todo já concluíram com sucesso a sua formação, na Casa de Saúde do Telhal, cerca de 110 pessoas com doença mental
- Os *Ateliês de Ocupação*, nos quais são desenvolvidas actividades criativas e artísticas, têm capacidade para 35 utentes;
- O *Ateliê de Actividades Produtivas* no qual se desenvolve trabalho à tarefa feito para empresas com as quais temos protocolo de prestação de serviços – montagem de peças; embalagem; etc. Este tem capacidade para 50 utentes;
- *Área de Dia* – esta valência vê o seu modo de funcionamento estruturado através de programas de actividades desenvolvidos de acordo com os *planos individuais de intervenção* dos seus utentes. Estes são externos ou os que se encontram em Unidade de Agudos em processo de preparação para a alta. A capacidade desta valência é de 30 vagas;
- Na comunidade possuímos uma *Galeria de Arte*, em instalações que nos estão disponibilizadas pela Câmara Municipal de Sintra, através de um contrato de comodato, e na qual são realizadas exposições temáticas (a maioria das vezes) de artes plásticas, participadas por artistas das mais diversas proveniências – estabelecimentos de ensino; serviços similares ou complementares aos nossos; etc.

No que toca às valências transversais ou de intersecção, evidenciamos:
- *Núcleo de Dinamização Interunidades* – Este projecto desenvolve actividades estruturadas desportivas, lúdicas e de lazer, diferenciadas entre sazonais e contínuas. Das primeiras destacamos o campeonato anual de futebol; a participação nos Special Olimpics, que se encontra em preparação; os programas de férias em Portugal e no estrangeiro (Minho, Beira Alta, Benidorm, Tunísia,

Tenerife, etc.) e as iniciativas pontuais a propósito de algum tema ou quadra festiva. Nas segundas incluem-se as danças de salão, a natação (em parceria com um colégio cuja piscina é frequentada pelos nossos doentes), as classes de movimento global e adaptado, as gincanas, as tardes de cinema, etc.;
– *Grupo Esperança* – Este Grupo desenvolve, essencialmente, actividades (também) estruturadas de lazer, mas num âmbito cultural, nomeadamente, teatro, música, tertúlias literárias, discussões temáticas, etc.;
– *Núcleo Técnico de Apoio às Famílias* – Este visa envolver as famílias no processo de reabilitação dos seus familiares doentes, promover e desenvolver a sua aproximação à instituição, o seu esclarecimento, o apoio psico-educativo sempre que se justifique... Funciona através da realização de reuniões periódicas, elaboração de documentos de apoio, organização de seminários temáticos abertos ao exterior, etc.

Sem querer exagerar pela exaustão, cabe-me, no entanto, referir que a nossa *rede de serviços de reabilitação* teve início há cerca de quinze anos e que uma das chaves para o seu desenvolvimento e sucesso (podemos dizer assim) foi o facto de os vários projectos terem surgido em *articulação* e em *sequência* ou seja à medida que fomos identificando *oportunidades e necessidades complementares de reabilitação*.

É por isto que vemos o nosso trabalho como um *modelo pioneiro e antecipatório de continuidade de cuidados*, cujas intervenções começam com as pessoas com doença mental ainda institucionalizadas, pois é este o contexto que "herdamos", e evoluem para a atenção às várias dimensões cuja existência de qualquer ser engloba.

Não há lugar, nesta intervenção, para detalharmos os trabalhos específicos que desenvolvemos em todas as valências e serviços de reabilitação – sejam eles efectuados ao nível médico, social ou outro. No entanto, chamamos à atenção para a *complexidade* que está subjacente e para as *exigências* que uma actuação técnica de qualidade requer.

De facto, ao trabalharmos em psiquiatria e saúde mental, cada vez mais temos em conta as *generalidades* relativamente a outros campos da saúde, mas também as *especificidades* que só a este domínio dizem respeito.

O *trabalho em equipa, as avaliações de qualidade, a formação dos técnicos, as parcerias com universidades*, etc., são alguns dos domínios aos quais dedicamos especial atenção, pois sabemos que contribuem significativamente para continuarmos a progredir.

Não podemos negar o contexto institucional em que nos encontramos, mas estamos perfeitamente flexíveis e atentos ao que pode ser a sua *transformação* num sentido proveitoso e com oferta de serviços de qualidade que permitam, tal como temos vindo a trabalhar, em rede, prestar cuidados de continuidade a todos aqueles que de nós necessitem e a nós recorram.

**10. Sustentar a Pragmatização**

Com o "know-how" que, ao longo das últimas duas décadas, fomos adquirindo, nomeadamente facilitado pelos aportes de outros Países onde a Ordem Hospitaleira de S. João de Deus também intervém em Psiquiatria e Saúde Mental e, assim, em Reabilitação de Pessoas com Doença Mental Crónica, os nossos recursos reabilitativos (projectos) estão estruturados, de acordo com o documento *Instituo S. João de Deus, Estratégias e Dinâmicas*, em:
- *Introdução* – explicação sumária do projecto;
- *Estrutura do Projecto*;
- *Equipamentos Disponíveis e Desejáveis*;
- *Objectivos;*
- *Programa/ Plano de Actividades* – inclui a especificação do tipo de actos praticados e o respectivo número;
- *Cronograma do Projecto;*
- *Planificação de Actividades – Metodologias e Prioridades*;
- *Normas de Funcionamento;*
- *Recursos Humanos* – com indicação dos que se encontram a tempo inteiro ou a tempo parcial;
- *Constituição e Organograma das Equipas Multidisciplinares*;
- *Destinatários do Projecto* – número de utentes no momento da sua elaboração e capacidade total (número total de utentes que o podem integrar);
- *Capacidade de Gerar Efeitos Multiplicadores* – directa ou indirectamente no sistema de cuidados de saúde (ganhos em saúde e impacto sobre as actividades económicas, sociais e culturais para o Centro, para o Instituto S. João de Deus, para a população alvo e para a área geográfica local e/ou nacional);

- *Previsão de Custos* – orçamentos e financiamentos;
- *Avaliação* – sistemas, metodologias, critérios e momentos de avaliação do Projecto;
- *Conclusão*.

Chamamos a atenção para o facto de que quer a *rede de serviços* que temos montada, quer as suas *metodologias*, quer a sua *estruturação*, têm muitas *intersecções* com o que está preconizado, nomeadamente na Portaria n.º 1087 – A/2007, de 5 de Setembro, especificamente em domínios como condições gerais de funcionamento, garantias de cuidados aos utentes, processos individuais dos utentes, regulamentos internos, formação contínua dos profissionais, supervisão dos técnicos, etc.

Assim, podemos, pois, confirmar que, naquilo que será a forma de organizar a Rede de Cuidados Continuados em Saúde Mental, temos condições para ser parte activa com a legitimidade de quem já faz e de quem já dá respostas consonantes com o próximo futuro.

Desta forma, temos razões para pensar que os nossos equipamentos, sujeitos a pequenas adaptações, estão e estavam já antes (por isso falamos de *modelo por antecipação*) na linha da frente para dar respostas sustentadas e consistentes ao abrigo da que será a nova legislação relativamente às pessoas com doença mental e à assistência que lhes deve ser prestada.

## 11. Continuidade de Cuidados e Reabilitação

Após termos descrito, de forma objectiva, os equipamentos de que dispomos e como, na prática, fazemos, compete-nos reflectir sobre as razões que nos levam a considerar que intervir de forma abrangente e em rede, em reabilitação psicossocial, é uma forma de sustentar a filosofia da continuidade de cuidados. Assim, por um lado, bastava-nos pensar na definição que a O.M.S., em 2001, deu para a *Reabilitação Psicossocial* – "Um Processo que oferece aos indivíduos que estão debilitados, incapacitados ou deficientes devido a perturbação mental, a oportunidade de atingir o seu nível potencial de funcionamento independente na comunidade, o que envolve tanto o incremento das competências individuais como a introdução de mudanças ambientais". Por outro, devemos reflectir, essencialmente, no que falta a esta população alvo específica, nomeadamente a um nível predominantemente subjectivo (e concluímos que, com esta rede de equipamentos e de cuidados estamos a suprir as suas necessidades mais marcantes desde há já vários anos). Falta-lhes, pois, *autonomia*; algumas *competências básicas; inserção/ aceitação social, familiar e profissional; vontade plena favorável a si e aos que as rodeiam; qualidade de vida*, vista como um equilíbrio razoável entre satisfação e sucesso; *felicidade ou acesso/ esperança em vir a tê-la; liberdade de escolha; perspectivas de futuro; solidariedade percebida; confiança; privacidade; percepção de se sentirem devidamente acolhidas*; etc.

Como se pode constatar, não estamos a falar apenas de necessidades básicas, mas de cada pessoa como um todo complexo que pode e deve abranger até à satisfação das necessidades de auto-realização.

É por tudo isto que consideramos que os cuidados, vistos à luz destas perspectivas actuais, devem ser também integrados por *programas estruturados* que contemplem:

– Actividades de tempos livres, criativas, culturais e lúdicas e de lazer em sentido lato; – Educação para a saúde; – Actividades desportivas adaptadas; – Psico-educação, extensiva às famílias; – Aconselhamento familiar (sempre que necessário);

– Treinos de competências específicas de autonomia, de que são exemplo actividades básicas de vida diária (nas quais se incluem higiene, alimentação e vestuário), – actividades instrumentais de vida diária (nas quais se incluem treinos do uso de transportes, realização de trabalhos domésticos, treinos de compras, treinos de gestão de dinheiro, treinos de gestão de medicação, etc.) e actividades avançadas de vida diária (nas quais se incluem, por exemplo, treinos de competências sociais); – Educação para a cidadania; – Apoio à inserção no mercado de trabalho; etc.

## 12. Ilusões e Realidades

Quase a chegar ao fim destas reflexões temos de admitir que, embora o caminho preconizado seja no sentido de melhorar a qualidade assistencial em psiquiatria e saúde mental em Portugal, muitas dúvidas e anseios se colocarão.

Provavelmente, na maioria das vezes, o que está em causa são questões de *segurança* e de garantia de que o que hoje se faz continuará a acontecer sem a ameaça de uma interrupção iminente.

Tenho observado, embora não possua dados quantitativos que sustentem esta opinião, que a razão pela qual, na sua maioria, as famílias optam por procurar soluções de institucionalização tem a ver com o medo do abandono e da descontinuidade assistencial que, supostamente, numa unidade hospitalar, será sempre assegurada.

Julgo, pois, que, para que uma rede de cuidados continuados em saúde mental possa ser bem sucedida, é necessário que as famílias e as próprias pessoas com doença mental confiem nos recursos disponíveis, na perspectiva da segurança (continuidade assistencial e adequação da assistência) que estes lhes podem garantir.

Um erro clássico que este público-alvo tem de aprender a não cometer é o de não se institucionalizar para melhorar, pois este procedimento agrava a situação do doente e pode torná-la mais insustentável. Com as sequelas da institucionalização (e, sobretudo, se esta for prolongada), a integração na comunidade torna-se cada vez mais uma causa impossível, pois aspectos como falta de higiene, desmotivação e fracas aptidões sociais, entre outros, ficam espontaneamente muito presentes.

Há, pois, que apostar na *responsabilização recíproca*. Ou seja, por um lado, deve haver uma maior e mais destemida implicação e colaboração das famílias nos percursos assistenciais e reabilitativos do seu elemento que é portador de doença mental, sem que aquelas tenham como objectivo central o internamento hospitalar prolongado. Por outro, é fundamental que a rede constituída seja securizante e suponha uma garantia de cuidados de tão longa duração quanto a vida e as necessidades do próprio doente.

As nossas preocupações são muito realistas porque não seleccionamos quem queremos assistir nem "passamos a outros" os "doentes que não são para nós".

Nunca me canso de repetir que não há pessoas com doença mental de primeira e de segunda em função da gravidade da sua patologia e do seu grau de dependência. Há, isso sim, melhores e piores prognósticos, mas são, justamente, as pessoas com estes últimos que mais necessitam de um suporte abrangente.

## 13. Antes de Terminar Sintetizo

Após escrever todo este texto e quando o revi para o concluir, decidi tornar mais claras algumas pistas de reflexão, bem como sublinhar alguns aspectos que considero que têm vindo a dar sentido ao trabalho que, em equipa, tenho desenvolvido.

Assim, importa começar por mencionar que uma boa gestão de recursos passa, decerto, por não desperdiçar os que já existem, sejam eles comunitários ou institucionais.

A *reformulação e a flexibilização* são desafios que se nos colocam. Contudo, há que intervir e trabalhar a partir do que já existe sem o negar, numa *perspectiva evolutiva e de abertura*.

Temos de procurar perceber (e julgo que isso é da responsabilidade de todos os que trabalhamos com pessoas com doença mental) se a comunidade está genuinamente preparada para se abrir e receber pessoas com problemas, sejam de que ordem forem ou se não vale a pena começarmos por abrir as instituições à comunidade e, posteriormente, esperar que esta lhes adira.

Ao preconizarmos a continuidade de cuidados e, ao falarmos, assim, da melhor qualidade de vida possível, não podemos esquecer que, antes de viver bem, é preciso sobreviver. Quero com isto dizer que, salvo raras excepções ou seja, salvo as situações de privilégio socio-económico que serão, decerto, a excepção e não a regra, as pessoas têm de possuir um rendimento que garanta o pagamento das suas despesas. Para tanto, é preciso trabalhar e isto implica uma grande intervenção social ao nível do mercado de trabalho, que terá de ser considerada complementar aos cuidados de saúde.

Não detalharei, apesar de serem muito importantes, os múltiplos benefícios, por demais conhecidos, que um emprego proporciona (de que são exemplo aspectos como melhoria da auto-estima e da participação na sociedade, aumento da resiliência, etc.), pois o que quero é mesmo sublinhar a imprescindibilidade deste para quem tem de continuar a existir.

Também não quero iludir ou iludir-me com a ideia de que todas as pessoas com doença mental podem trabalhar de forma rentável. Se a ocupação estruturada é um benefício reconhecido para todos, a produtividade é uma competência que só alguns conseguem possuir. No entanto, uma análise de custos que permita viabilizar financeiramente as estruturas residenciais deve garantir que os que não podem ganhar dinheiro tenham também a sobrevivência assegurada ao longo de toda a sua vida.

As famílias que têm possibilidades devem, pelo seu lado, obrigatoriamente, ser parte activa no que diz respeito ao custear de despesas, não podendo, também acontecer que algumas ainda vivam dos rendimentos do doente que "ficou definitivamente entregue a uma instituição". Esta circunstância não mais poderá existir para que se possa intervir de forma justa e com a desejável qualidade.

Enfim, trabalhar em reabilitação de pessoas com doença mental e integrar uma rede de continuidade de cuidados que se desenha, é, decerto, o objectivo de todos. É, pois, preciso ter a coragem de admitir que qualquer intervenção, para ser integral e globalizante, não pode centrar-se apenas numa avaliação quantitativa de resultados, mas numa perspectiva de avaliação abrangente que, por isso mesmo, não ignore a vertente qualitativa colhida, por exemplo, através da escuta da palavra dos doentes e das famílias.

## 14. Bibiografia

(1) *Classificação Internacional de Funcionalidade, Incapacidade e Saúde*, OMS, 2001;
(2) CORDO, M., *Uma Rede de Serviços de Reabilitação – Como, Quando e Porquê*, in HOSPITALIDADE, ano 71 (n.º 276), Abril – Junho de 2007, pp. 15 – 20;
(3) Despacho Conjunto n.º 407/98 de 15 de Maio;
(4) D-L n.º 281/2003 de 8 de Novembro;
(5) D-L n.º 101/2006 de 6 de Junho;
(6) *Doença Mental, Reabilitação Psicossocial e Inclusão Social*, SNRIPD, Lisboa, 2006;
(7) *Instituto S. João de Deus, Estratégias e Dinâmicas*, Editorial Hospitalidade, 2004;
(8) LEFF, J., *Cuidados na Comunidade, Ilusão ou Realidade?*, Climepsi Editores, Lisboa, 2000;
(9) Lei de Bases da Reabilitação, n.º38/2004 de 18 de Agosto;
(10) Lei da Saúde Mental, n.º 36/98 de 24 de Julho;
(11) *Plano de Acção para a Integração das Pessoas com Deficiência ou Incapacidade;*
(12) Portaria n.º 1087 – A/2007 de 5 de Setembro;
(13) QUIN, Suzanne; REDMOND, Bairbre, *Disability & Social Policy in Ireland*, University College Dublin Press, Dublin, 2003;
(14) *Rede de Referenciação de Psiquiatria e Saúde Mental*, Direcção Geral de Saúde, 2004;
(15) *Relatório Mundial da Saúde 2001, Saúde Mental, Nova Compreensão, Nova Esperança*, Organização Mundial de Saúde, Ministério da Saúde, Direcção Geral da Saúde, 1ª Ed., Lisboa, Abril de 2002;
(16) *Tempos e Modos – III Jornadas de Reabilitação Psicossocial da Casa de Saúde do Telhal*, Edição da Casa de Saúde do Telhal, 2007.

# REABILITAÇÃO PSICOSSOCIAL E INCLUSÃO NA PÓS-PSIQUIATRIA. O ESTIGMA DE UM RÓTULO DISCRIMINATÓRIO, SEUS EFEITOS ANTI–'EMPOWERMENT' E SUA REDUÇÃO

AIRES GAMEIRO[*], OH

**Introdução**

Nesta exposição desejaria usar uma linguagem prática, de reflexão, sem ser banal.

Numa exposição mais académica partiria das teorias da psicologia social centradas em processos de categorização social e de construção da identidade pessoal e social para enquadrar o estigma da loucura. Partiria ainda da perspectiva histórica da *ergoterapia, comunidade terapêutica, neurose institucional, da antipsiquiatria e do desinstitucionalismo,* para me demorar na *reabilitação psicossocial.*

Centrando-me na redução do estigma, parto da minha experiência na viragem da teoria da reabilitação psicossocial para a teoria *da pós--psiquiatria e da pós-saúde mental*

---

[*] Psicólogo, Doutorado em Teologia Pastoral da Saúde, Centro de Estudos S. João de Deus, Ex-docente do ISCTE e da UCP, ex-director e redactor da revista *Hospitalidade* (1972-1998).

## I.ª PARTE

### 1. Percurso de experiências de reabilitação psicossocial

**1.1** Pelo início dos anos noventa despertou o meu interesse pela reabilitação psicossocial. Fiquei cativado e, após uma iniciação aprofundada do conceito, apresentei num Workshop sobre Perspectivas de Reabilitação em Psiquiatria no Hospital Júlio de Matos (25-26. 06.1992) uma reflexão intitulada *Filosofia, princípios e técnicas de reabilitação em Psiquiatria: Utopia ou mudança de Paradigma?*, (in *Hospitalidade*, n.º 227/228. Ano 1994 ). O treino para a autonomia e para a independência das pessoas com doença mental assim como a integração nas equipas de saúde mental de instrutores e monitores de fora dessa área constituíam uma mudança significativa. A integração do reabilitando no processo de formação/treino, em ambientes menos estigmatizados, *normalizados,* (como se começou a dizer no Ano Internacional do Deficiente, 1982) entre outras mudanças, conquistaram-me. A reabilitação psicossocial (P.R.) prometia ser um paradigma novo que iria reduzir o estigma e fazer a diferença.

Tal paradigma entusiasmou-me. As competências para viver independente começavam a passar para os agentes da própria vida. A desmassificação, a reestruturação de unidades, o treino de AVD, da gestão da própria vida, iriam reduzir a saturação de tudo o que cultivava o estigma e fazer muitos reabilitandos menos dependentes das instituições e dos chamados *técnicos* (que nome tão impróprio!) de saúde mental.

**1.2** De 1998 a 2004 fui director de duas instituições tradicionais de psiquiatria e promotor de reabilitação psicossocial, criei unidades redimensionadas com programas de treino de autonomia progressiva; lutei contra as atitudes resistentes de alguns técnicos e auxiliares institucionalizados e aceitei a colaboração dos mais abertos, dando uma nova fisionomia a essas instituições. Mudanças semelhantes, a ritmos diversos, iam acontecendo noutras instituições.

**1.3** Entretanto, passados poucos anos, observava o que se ia passando à volta e comecei a notar que o paradigma estava a gerar uma certa desilusão e nalgumas instituições pouco se notavam os seus efeitos.

Vinha-me à lembrança uma afirmação de um psiquiatra, de quem não recordo o nome, que nos anos oitenta dizia: *o manicómio devora todas as teorias e práticas inovadoras.*

**1.4** A reabilitação psicossocial começou a ficar exausta devido ao ambiente, ao estigma e ao modelo invasivo de criar dependentes. O modelo tradicional médico-psiquiátrico, centrado no tratamento farmacológico, continuou a ser dominante e a afirmar – se em força. Por isso tem cabimento perguntar: a reabilitação psicossocial é hoje uma teoria esgotada? As expectativas de que os sujeitos treinados pela reabilitação psicossocial, como a teoria defende, fossem dispensando progressivamente os técnicos superiores e médios deram lugar a uma desilusão crescente. A dependência e a "medicalização" dos chamados "doentes mentais" com sintomas da chamada "doença mental" continuaram a ser mantidos na dependência em instituições quase iguais às de sempre. E apetece-me dizer asilos.

**1.5** Duas estórias: da muita R.P. ao mesmo *status quo*

*O Joel*

É um caso real. Joel, chamemos-lhe assim, adulto jovem, em tratamento psiquiátrico por sintomas de esquizofrenia, estabilizado, usufruiu de dois cursos de formação na área de informática e administração a nível médio, fora da casa de saúde, com apoio clínico periódico. O difícil foi conseguir emprego, após os cursos. Havia também a ameaça de um emprego precário lhe fazer perder irremediavelmente a pensão social. Ficou a marcar passo na ergoterapia da instituição. Quando surgiu a hipótese de outro curso subsidiado de atendente de lar de idosos deslocou-se para junto da mãe, fora da casa de saúde e fez o curso com óptimos resultados tanto mais que tinha escolaridade do 7º ano (antigo).

Acabado este, teve um "emprego" (estágio) numa autarquia que durou o tempo do estágio pago. Voltou novamente para a instituição porque para a família mais vale um pássaro na mão...

Mas não desistiu, nem ele nem a mãe, pois o pai morrera entretanto. Fizeram um contrato, se assim se pode chamar, em que ele se tornaria voluntário de excepção, deixando o rótulo de doente mental e assegurando um turno de serviço na instituição a troco de gratificação em alimentação e dormida. Estava agora sem rótulo, tinha liberdade de gerir a sua vida, manter a pensão social, passar os fins de semana e as férias como muito bem decidisse de acordo com os seus meios e as parcas ajudas da mãe.

Assim viveu uns anos bastante "reabilitado", e independente, em que alguns pequenos sintomas não o impediam de ser eficiente, de organizar e passar as férias na Espanha, nas Ilhas, etc. Mas esta independência desagradou a alguém e lá o reduziram de novo a doente mental numa residência na comunidade de onde se deslocava à instituição a fazer de "recepcionista" de ateliês ergoterápicos em que não tinha qualquer responsabilidade "útil" e em que estava rodeado de monitores e terapeutas que "não lhe passavam cartão". Foi por esta altura que numas férias ele desabafou cheio de saúde mental: eu já estive melhor que agora, não era doente, tinha liberdade e independência, ia para onde decidisse... Agora sou outra vez um "doente" e tratam-me como tal decidindo tudo à minha volta.

Por incrível que pareça, e isso mostra que ele é mesmo um reabilitado competente, a instituição tornou a dar-lhe um lugar de recepcionista administrativo mas mantém-no com o rótulo e o estatuto de doente mental e estigma.

*O Marujo*

E já agora resumo outro caso. Marujo, de uns 40, internado, com alguns sintomas de esquizofrenia mas bem integrado, ocupou-se com boa produtividade em tarefas de apoio em biblioteca e escritório mediante uma gratificação. Surgiram projectos de formação profissional financiados e ele foi seleccionado para o projecto de artes gráficas. Acabada a formação não se pôde empregar. Entretanto surgiu a oportunidade de um curso de marcenaria que fez com certo êxito, continuando a receber a respectiva compensação monetária. Também não conseguiu emprego e logo que apareceu um curso de pintura foi seleccionado para o fazer... sendo de duvidar se irá alguma vez conseguir empregar-se. Contudo a sua vida tem tido mais qualidade porque a ocupação remunerada vai ao encontro da desvantagem de exclusão social múltipla.

Convém observar que os projectos de reabilitação psicossocial dos últimos quinze anos não abrangem mais de 10-15% da população das instituições. E mesmo estes continuam, na maior parte em equipamentos com estigma.

## 2. Rótulos de doença mental e locais de estigma e exclusão

O estigma de doente mental oculta o cortejo de outros dados e factores que mais pesam nas condições dos pacientes.

Não é só o estigma de doença mental, de fronteiras vagas, o mais pesado. Em alguns 70% dos casos, algumas condições como a pobreza, a falta de família, de casa e emprego, os equipamentos não normalizados e a dependência persistente e exclusiva de técnicos de saúde mental, geram a exclusão também perpétua e estigmatizada.

### 2.1 Os paradoxos do estigma selectivo

Esta exclusão aplica-se, por regra, agora para os doentes mentais que não têm uma lesão ou factor cerebral diagnosticado. O estigma é selectivo segundo o estado da ciência. Não se aplica, agora, aos doentes de Altzeimer porque a ciência os está a retirar da categoria de doentes mentais. Também os deficientes mentais jovens são agora cada vez mais pessoas com dificuldades de aprendizagem. Acima dos 40-50 anos ainda são "doentes mentais". Os paralíticos cerebrais ficaram livres do estigma, tal com os do síndroma de Down, os afectados de AVC, ou de acidente invalidante. Quer dizer: o estigma de doença mental é uma fatalidade devida à ignorância científica da causa. As classificações são por sintomas e não por entidades científicas.

Os dependentes de drogas de há cinquenta anos eram doentes mentais e hoje são considerados doentes vulgares apesar de cerca de 50% sofrerem de desequilíbrios com sintomas psiquiátricos, como os dos asilos psiquiátricos.

Os demenciados de AVC, de acidentes, e os idosos física e mentalmente limitados... por inúmeras sequelas biopsicológicas e sintomas "psiquiátricos" vão para cuidados continuados de reabilitação em centros estigmatizados de doença mental. Ao passo que outros por serem pobres, sem família, etc. continuam "doentes mentais" excluídos em instituições com esse rótulo.

E agora parece que vai haver cuidados continuados... sem mais em regime de inclusão social, e *cuidados continuados para doentes mentais,* em regime de exclusão, pela mesma razão... de serem cidadãos de 2ª ou 3ª classe. Nas férias deste ano de 2007 visitei dois lares de idosos de áreas rurais, um da Caritas e outro privado. Visitei alguns idosos e convivi com o ambiente. Pelos sintomas muitos são de manicómio, mas tiveram sorte de não ter lá caído. Vivem num ambiente muito mais normalizado do que se tivessem a pouca sorte de ter que viver em ambiente com rótulo "mental". O mesmo verifiquei numa Casa de Repouso, assim chamada, de idosos dependentes, em Itália em que cerca de 50% eram demenciados e de Altzheimer. As suas múltiplas desvantagens não estavam a ser psiquiatrizadas, mas enfrentadas com outras respostas adequadas.

### 3. A força estigmatizante dos nomes e locais de doença mental

As instituições e serviços do sistema de saúde mental cuidam e tratam mas perpetuam a dependência, anulando os propósitos da redução do estigma e da reabilitação psicossocial. Dito de outra maneira: *o tratamento e a ajuda promovem, ao mesmo tempo, autonomia e dependência, reduzem e perpetuam o estigma.*

Os técnicos, sem o quererem, perpetuam as dependências por motivos razoáveis e irrazoáveis, pelo que conhecem das causas das doenças e pelo que ignoram. Fazem-no para serem úteis e pelo facto de o sujeito lhes interessar mais como cliente a ajudar do que como sujeito que dispensa a ajuda pela capacitação para ser o gestor da sua vida e pessoa.

O estigma ligado ao rótulo é iatrogénico; o rótulo acentua o estigma e mais o cola ao indivíduo. O paradigma da R.P. defendia que o paciente mental deve relacionar-se de forma progressiva com outros profissionais fora do âmbito da saúde mental e não apenas com agentes e profissionais de saúde mental. Mas esse propósito, em grande parte, foi ficando pelo caminho ...

Gera-se, de modo iatrogénio, o "desempoderamento", "retirada de autonomia" ou "esvasiamento de poder" no cliente e um acréscimo de desvantagens das pessoas cuidadas e reabilitadas. *Empowerment e recovery* são impedidos ou limitados precisamente pela dinâmica interactiva de poder e de significados afins actuados entre reabilitadores e reabilitandos, como a corrente da pós-psiquiatria vai analisando. Uns com poder consolidado, outros com as desvantagens mantidas.

## 4. O estigma é colado selectivamente devido às desvantagens sociais

Além disso, este processo iatrogénio estende-se às desvantagens sociais dos sujeitos. O diagnóstico integra-se num processo de categorização social: diagnosticar doença mental em alguém, sem fundamento científico, mensurável e verificável, promove a exclusão social, o agravamento das desvantagens sociais e o desvio para equipamentos e relacionamentos exclusivos com profissionais rotulados. O estigma é uma desvantagem social e gera novas desvantagens sociais. As pessoas com desvantagens sociais são mais afectadas pelo estigma de diagnóstico o qual aumenta as desvantagens e suas consequências (Bracken and Thomas, 2001).

Esta tendência foi-me há dias ilustrada por uma psiquiatra que ouviu a um doente o seguinte comentário: *a doutora interna mais doentes que o seu colega, a doutora interna os doentes e os que têm fome.* É um resumo lapidar do que estamos a tentar dizer: psiquiatriza-se e interna-se, talvez em mais de dois terços dos casos, para responder a desvantagens laterais à psiquiatria.

## 5. Medicalizar as desvantagens psicossociais não as resolve

O diagnóstico psiquiátrico estende-se com frequência aos problemas pessoais e às desvantagens sociais camuflando-as de doença mental A consequência mais grave está em estender as intervenções psiquiátricas a problemas sociais psiquiatrizando-os em vez de os resolver. Pretender solucionar as desvantagens sociais com medicamentos, consultas de psiquiatria, cuidados de enfermagem, hospitalização, terapêuticas diversas, agrava o estigma e as desvantagens.

E além disso diminui os reduzidos meios necessários para resolver esses problemas sociais por esgotamento dos recursos nacionais. Estamos perante um conflito ético de interesses. O cidadão tem direito aos meios sociais adequados à sua desvantagem e não a apoios psiquiátricos que agravam o seu estigma.

## 6. Conclusões pontuais

Ousaria propor algumas conclusões desta primeira Parte. Importa:
- Abolir os diagnósticos que não obedeçam aos critérios científicos de objectividade e refutabilidade enunciados por Karl Popper;
- Substituir a designação de doença mental por outras designações com base científica, por forma a reduzir o estigma associado à designação de doença mental;
- Identificar as razões pelas quais há, na população em geral, cerca de 20% de "pobres" e na população dos "asilos psiquiátricos", ditos hospitais ou casas de saúde de psiquiatria, a percentagem supera provavelmente os 40-50%;
- Não medicalizar e psiquiatrizar desvantagens e problemas sociais;
- Aperfeiçoar a formação de técnicos de saúde mental e renovar os equipamentos psiquiátricos com a integração de outros recursos materiais e humanos;
- Integrar recursos familiares (e de vizinhança) e apoiar com incentivos económicos equipamentos associativos familiares e afins;
- Supervisionar/fiscalizar, quanto necessário e não mais, o uso desses recursos, por proximidade e distância;
- Enfrentar os problemas de desemprego dos técnicos sem ser à custa dos meios para resolver os problemas sociais dos reabilitandos;
- Enfrentar as desvantagens familiares, económicas e sociais com soluções para-familiares, económicas e sociais;
- Normalizar os equipamentos, os lugares e espaços de apoio.

## II.ª PARTE

### Post-psiquiatria e Critical PsychiatryNetwork

O impasse a que a R. P. chegou tem vindo a estimular outros cursos de reflexão e análise. Deixamos aqui breve apontamento sobre a corrente da *post-psychiatry* e da *Critical Psychiatry Network (CPN)*. Apesar de polémicas não se podem ignorar. A *CPN* tenta ultrapassar o conflito entre psiquiatria e anti-psiquiatria; valoriza mais os contextos sociais e culturais, coloca a ética acima da tecnologia e minimiza o controlo médico.

Discorda das tentativas de fazer equivaler os problemas pessoais e problemas sociais às doenças mentais e psiquiátricas; e considera ilegítimas as intervenções psiquiátricas nestes problemas que vêm sendo medicalizados cada vez mais pela psiquiatria (Bouble, 2002). Consideram-se também como intervenções psiquiátricas em sentido lato todas as intervenções de teor terapêutico, "talk therapies" e outras com objectivos semelhantes, realizadas por outros profissionais de saúde mental[1].

Penso que uma das razões pelas quais a corrente da reabilitação psicossocial chegou a um impasse está nesta pretensão psiquiatrizante de desvantagens sociais.

## Um percurso de risco da relação à base de termos e habitats psiquiátricos

O poder dos profissionais de reabilitação começa pelos termos usados como bem analisa Michael Walker de acordo com os conceitos do modelo da *recovery* que atribui ao cliente *autodeterminação, empowerment, e independência"*. As palavras usadas podem ser *cadeias de poder* dos que as usam para "acorrentar" e dominar e não para libertar. Este autor propõe o paradigma linguístico de análise (Walker, M.T., 2006). Esta análise mostra que em R.P. se usa uma linguagem de autodeterminação, *empowerment* e independência para o reabilitando e ao mesmo tempo se exerce sobre ele um controlo maior deixando-o em maior dependência. Os termos dos modelos médicos e psicológicos exprimem o poder de quem os usa. Aparentemente trata-se de ciência de palavras mas não de factos verificáveis.

---

[1] 'Like other psychiatrists we use drugs, but we see them as having a minor role in the resolution of psychosis or depression. We attach greater importance to dealing with social factors, such as unemployment, bad housing, poverty, stigma and social isolation. Most people who use psychiatric services regard these factors as more important than drugs. We reject the medical model in psychiatry and prefer a social model, which we find more appropriate in a multi-cultural society characterised by deep inequalities.' The Critical Psychiatry Network can be contacted on http://www.critpsynet.freeuk.com/

## O problema ético da inclusão social

Estas correntes confiam cada vez menos que os problemas sociais das pessoas se possam resolver pela ciência e tecnologia. Muitos deles só se poderão resolver com o poder dos utentes dos serviços; e isso exige colocar a ética antes da tecnologia, (Bracken and Thomas, 2002).

As pessoas em situação de desvantagem social precisam de meios mas nem sempre de empregos porque muitos "desavantajados" já não estão em idade de iniciar emprego. No sistema de saúde mental utentes e profissionais são concorrentes aos mesmos meios, e se uns os usam faltam aos outros.

O problema ético da distribuição equitativa de meios económicos explica igualmente a crise da Reabilitação Psicossocial. O poder dos profissionais e o seu número atraem os meios económicos que serão desviados para eles segundo a lei do mais forte. Escasseiam os meios para dar credibilidade à reabilitação em especial para dar resposta às desvantagens não patológicas, para a normalização residencial, para sobreviver com alguma independência e autonomia económica quando se é limitado e não se tem familiares ou quando estes não estão em condições de apoiar. Já vimos que o estigma de doença mental anda frequentemente confundido com a pobreza, a miséria, a falta de família. Nem adianta muito investir em formação profissional com utentes adultos que nunca tiveram emprego, vivem há vinte ou mais anos na instituição; nessa idade mesmo após a formação não poderão competir no mercado de trabalho em tempo de taxas altas de desemprego, nem se resolve o problema com empresas de economia social quando fabricam coisas sem procura por serem muito caras ou serem mais ou menos inúteis.

## Conclusões e Conclusão

**1.** As desvantagens decorrentes da pobreza, da ausência de família de apoio, do desemprego, da insuficiência das pensões e reformas não são, por si mesmas, doença mental. Enfrentar essas desvantagens com meios próprios para tratar doenças mentais ou outras agrava o estigma.
**2.** O uso dos rótulos "sofisticados e misteriosos" de doença mental pelos técnicos acrescenta mais uma desvantagem por aumentar o poder do técnico e diminuir o do cliente. São termos e mensagens insidiosas

de relacionamento segundo as quais os utentes em reabilitação devem deixar-se curar e guiar na *dependência* de técnicos.

**3.** O treino de competências está ferido de uma contradição: os técnicos são competentes em doenças mentais, mas não nas soluções da vida quotidiana. Um risco acrescido em ambiente 'anormalizado' é o dos utentes tomarem os técnicos e os monitores a eles associados como figuras de confirmação de que são doentes, "bons" doentes mentais, sem poder para sobreviver na vida.

**4.** A desvantagem do estigma das "doenças mentais' associado à sua "medicalização" pelo uso dos termos psiquiátricos renova, perpetua e aumenta as desvantagens sociais. Esses rótulos funcionam como sugadores que retiram poder e voz à pessoa; contrariam o *empowerment* e a transformação da personalidade pela *recovery* ou aquisição de identidade nova.

**5.** Os profissionais de saúde mental em reabilitação e inclusão social usufruem de um presença exagerada e de uma visibilidade que anula a maior parte dos efeitos que se desejam conseguir. Poderíamos dizer que a sua presença de apoio, que se estima *grosso modo* em 80 %, não deveria, talvez, ir além de 5 a 10%, salvo nos casos de crises agudas.

**6.** O nó do problema está no facto de as profissões em psiquiatria e saúde mental usufruirem de um poder que parte da linguística, e de ninguém abdicar facilmente do poder que possui. Estima-se que cerca de 80% dos intervenientes em saúde mental deixa os utentes apenas com algumas migalhas desse poder. Como é então possível falar de *empowerment* dos reabilitandos?.

**7.** As preocupações de criar empregos... em psiquiatria e saúde mental deixam muitas desvantagens sociais ligadas ao estigma patologizante da doença mental sem meios económicos para serem ultrapassadas. Sem recursos materiais e humanos não se fazem reformas. Grande parte dos projectos de formação profissional em reabilitação atinge apenas uns 10-15% e destina-se a responder a desvantagens sociais dos formandos através da ocupação remunerada. De fora ficam os 70% dos crónicos.

**Conclusão final**

Se queremos reduzir o estima e a exclusão dos chamados 'doentes mentais', libertando-os de rótulos e de classificações de doença, importa refrescar a memória com *o conceito de normalização* do modo de viver, dos equipamentos e de pessoas de referência.

Para isso propõe-se mais reflexão "agida" ou transposta em actos orientados para *mudanças normalizadoras*. A redução de estigma e a promoção do *empowerment da vida das pessoas* precisa de normalização actuada. Normalização nos espaços, nos equipamentos e nos nomes dos locais; normalização dos técnicos e não técnicos que rodeiam e interagem com os sujeitos em processo de reabilitação. A exclusividade ou o predomínio de convivência com profissionais de saúde mental pode induzir uma situação "anormal" e gerar um aumento do estigma.

Os meios para a normalização reduzem as desvantagens discriminatórias e levam a passar da exclusão polifacetada para a inclusão multifacetada em que às pessoas é facilitada vida normal (lizada), sem os rótulos de "mental" nem as desvantagens sociais que esses rótulos envolvem.

Lisboa, 30 de Setembro 2007

**Referências bibliográficas**

ABREU, J.L. Pio, *Como tornar-se doente mental,* 8a ed., Coimbra, 2001.
ARRUDA, Elso, *Terapêutica Ocupacional Psiquiátrica,* Rio de Janeiro, 1962.
ARVEILLER, Jean-Paul e BONNET, Clement, *L' insertion du malade mental. Une place pour chacun ou chacun à sa place,* Ed. Erés, 1994.
BOUBLE, Duncan, The limits of psychiatry, BMJ *v.324 (7432); Apr. 13 2002.*
BRACKEN Patrick and THOMAS Philip, Post-Psychiatry: a new direction for mental health BMJ. 2001:322:724-727 (24 March) in www.bmj.cgi/content/fuiy322/7288/724.
CARNEIRO, Idília Maria Moreira Gonçalves, *Reabilitação Psicossocial – Um Processo de Dignificação Humana,* (Tese de Mestrado da UCP – Fac. Teologia – Ciências Humanas, Lisboa, 2000).
CORDO, Margarida, *Actividades Produtivas Parte Integrante da Reabilitação Psicossocial,* trabalho apresentado no *II Seminário de Reabilitação Psicossocial da C.S.S. Miguel* (Ponta Delgada) 6 e 7 de Abril de 2001.
——, *Reabilitação de pessoas com doença mental,* Lisboa 2003.
GAMEIRO, Aires, *O.H, Novos Horizontes da Viuvez. Crise, Acompanhamento, Psicologia, Novo Projecto e Pastoral,* Ed. Paulistas, Lisboa, 1988.
——, *Manual da Saúde Mental e Psicopatologia 4aEd.* – Ed Salesianas, Porto – 1989.

——, *Pastoral e Ética em Psiquiatria,* Ed. Hospitalidade, Lisboa, 1993.
——, *Filosofia, Princípio e Técnicas de Reabilitação em Psiquiatria. Utopia ou Mudança de Paradigma?* in *Reabilitação Recíproca. Família com Doentes e Deficientes.* Ed Hospitalidade, Mem Martins, 1944.
——, *Pastoral e Ética em Psiquiatria,* Ed. Hospitalidade, Mem Martins, 1993.
——, *Factores facilitadores de reabilitação Psicossocial,* Apresentação do Livro de Margarida Cordo *Reabilitação de pessoas com doença mental,* VIII Congresso de Psiquiatria S. João de Deus, Lisboa, 20,21 e 22.02.03.
——, *Times, spaces and occupations as facilitating factors in psychological rehabilitation process (PSR)* in *II International Congress 'Integral Psychosocial Rehabilitation with and within the Community'* and *the IX Congress of MESPA,* Barcelona, 28tfi-30 1il May 2002.
——, *Da Ergoterapia à Reabilitação Psicossocial,* 8 de Março de 2002.
GAMEIRO, Aires, O.H. e outros, *Casa de Saúde do Telhai Io Centenário 1893--1993.*
GAMEIRO, Aires, O.H; FRIAS, Suzete, *Our tailor-made rehabilitation, approach and cases* in *First North West European Congress on Psychiatric Rehabilitation,* Amsterdam, June 6-8,1999.
——, *Approaches to rehabilitation: in a centre of a peripherical European Union Region (Azores). Targets and goals, successes and failures* in *VI World Congress 2000 Psychosocial Rehabilitation: Promoting diversity and ensuring equality,* Paris, 7-10 May 2000 .
GAMEIRO, Aires, O.H, *O Papel do Instituto de S. João de Deus na Psiquiatria em Portugal* in *IX Congresso de Psiquiatria S. João de Deus, para uma assistência integrada – inclusão e diversidade,* Algueirão, 2006, pp.21-30.
GOFFMAN, Erving, *Stigma, Notes on the management of Spoiled Identity,* London, 1990.
GOMES, Bernardino António, *Dos Estabelecimentos de Alienados nos Estados Principais da Europa,* Lisboa, 1999.
HIPÓLITO, Mário C. (coord.), *Saúde Mental, Antologia de Textos para Utentes e Familiares,* Lisboa, Federação Nacional das Associações de Famílias Pró Saúde Mental, 2007.
HUME, C. e PULLEN, I, *La Riabilitazione dei pazienti psichiatrici,* Raffaello Cortina Editore, Milano 1994.
MINISTÉRIO DA SAÚDE, *Contributos para um Plano Nacional de Saúde,* Lisboa, 2003.
LAM, H. Richard, MD, Desinstitutionalization at the begining of the new Millenium, *Harvard Rev. Psychiatry,* May/Jun 1998.
LINN, Louis, *Occupational Therapy in Dynamic Psychiatry,* NY, 1963.
*Livro Verde, Melhorar a saúde mental da população, Rumo a uma estratégia de saúde mental para a União Europeia,* Bruxelas, 2005.

O.H, *Carta de Identidade da O.H* (1999)

ORNELAS, José H., *Novas tendências da Reabilitação das pessoas com doenças mentais,* in *II Seminário de Reabilitação Psicossocial da Casa de Saúde S. Miguel,* Ponta Delgada 6-7 de Abril de 2001.

ORNELAS, José; MONTEIRO, Fátima J.; MONIZ, M. João Vargas; DUARTE, Teresa (coord.), *Participação e Empowerment das Pessoas com Doença Mental e seus Familiares,* Lisboa, 2005.

PIETRANTONI, Luca, *La Psicologia delia Salute,* Carocci Editori, Roma, 2001.

S/A, *Hopital StJean de Dieu,* Léhon, 2004.

SARTORIUS, Norman, Iatrogenic Stigma of Mental Illness, BMJ 2002-324:1471 (www.com/c2i/coiitent/full/324/7352/1470

SIMON, Herman, *Tratamiento ocupacional de los enfermos mentales,* Barcelona, 1937.

WALKER, MT. (2006). The Social Construction of Mental Illness and its Implications for the Recovery Model, *International Journal of Psychosocial Rehabilitation,* 10 (1), 71-87.

# CULTURA E SAÚDE MENTAL
## – POR UM MODELO BIO-PSICO-SOCIO-AXIOLÓGICO

José Morgado Pereira[*]

**1.** Um filósofo contemporâneo, Ulises Moulines, num ensaio sobre ética, colocou as noções de Factos versus Valores como polaridades associadas a diferentes posições filosóficas. Ora há uma certa disputa filosófica originada pela distinção entre factos e valores ou entre juízos fácticos e juízos valorativos. Uma observação clássica de David Hume vai no sentido de haver um abismo lógico e epistemológico inultrapassável entre as constatações de facto e os juízos morais, entre o domínio do facticamente contrastável e do eticamente valorável, entre "Ser" e "Dever Ser". Repare-se nas ciências físico-matemáticas, físico-químicas, bioquímicas, mas também psicofisiológicas e sociopsicológicas (e em geral as ciências empíricas). Todo o sistema de verdades fácticas, por mais cientificamente controlado que esteja não pode conter um juízo de valor nem uma norma por razões conceptuais.

A dicotomia entre o "ser" e "dever ser", entre discurso fáctico e discurso valorativo foi um dos princípios fundamentais da filosofia analítica anglo-saxónica. Se a ética não é redutível ao discurso fáctico, também este não e redutível à ética. Daqui decorrem as justamente denunciadas " Falácias Moralistas" e paralelamente as " Falácias naturalistas". Não haveria pois comunicação entre estes diferentes domínios. Veremos a seguir que isto nos parece hoje impossível de manter.

Retoma-se assim de alguma maneira a distinção passada, mas fundamental, entre Explicação e Compreensão a propósito das diferentes metodo-

---

[*] Psiquiatra do Hospital Sobral Cid. Colaborador do CEIS 20 da Universidade de Coimbra.

logias entre Ciências da Natureza e Ciências Humanas (Dilthey, Jaspers), as primeiras ligadas a uma investigação causal e as segundas privilegiando as relações internas e profundas, respeitando a totalidade vivida.

Os resultados não seriam directamente verificáveis pela experiência, mas impõem-se-nos como evidência (evidência-vivida para Jaspers).

Numa análise penetrante do tema, já em relação à medicina e à psiquiatria, José Lázaro relembra a fé entusiasta no progresso da ciência nos finais do séc. XIX. A ciência só admitia certezas e seria incompatível com a possibilidade de excepções, ao contrário do que se pensa hoje em que há uma renúncia às certezas absolutas e em que se assume uma razoável incerteza do pensamento médico. Por isso o autor considera disparatada a tradução da expressão "Evidence based medicine" por medicina baseada na evidência, pois o termo "evidence" não significa evidência mas prova. Não é possível regressar a um pensamento médico confortável e optimista mas ilusório, próprio do séc. XIX. O conhecimento só pode ser probabilístico, o diagnóstico e as escolhas terapêuticas não podem alcançar a certeza e a segurança absolutas.

**2.** Quando se fala em análise histórica da psiquiatria mistura-se com frequência indistinta pelo menos três níveis de análise que é necessário definir e separar, embora eles se impliquem mutuamente:
   a. Nível básico, material – História das doenças mentais
   b. Nível institucional – Evolução histórica das instituições
   c. Nível ideológico – Saberes e teorias correspondendo a diferentes concepções.

Quanto à alínea **a** é indispensável relembrar que as diferentes doenças são factos naturais ou biológicos mas também culturais e biográficos e que a doença nunca é um fenómeno intemporal mas histórico.

Quanto à alínea **b** as instituições da loucura foram durante muito tempo lugar de reclusão constituindo-se no séc. XIX como asilo com função predominantemente custodial. O estudo e a observação dos internados possibilitou a constituição da psicopatologia e de uma semiologia psiquiátrica, facto de indiscutível importância. Só nas décadas de 60/70 do séc. XX surgiram movimentos globalmente anti-institucionais.

Quanto à alínea **c** a concepção científica após o século das Luzes (Psiquiatria) é de base naturalista, predominando uma mentalidade anátomo-patológica, fisiopatológica e etiopatológica, dependendo dos progressos da medicina ao longo do Séc. XIX.

Só no início do Séc.XX surgirá uma Psiquiatria Psicodinâmica e após a segunda Guerra Mundial, uma Psiquiatria SócioDinâmica e depois a noção de "construção social" da doença mental, com modelos já inspirados nas Ciências Sociais.

O denominado modelo bio-psico-social traduz apenas o reconhecimento contemporâneo da existência de factores biológicos, psicológicos e sociais na génese do adoecer mental.

**3.** No séc. XIX, a Ciência chegou a acreditar que era possível e desejável estudar e investigar à margem dos valores, devendo a Ciência posicionar-se à margem de questões sociais, de considerações familiares, ocupando-se apenas de factos.

É exactamente a postura contrária à que hoje maioritariamente se aceita em Medicina, que é a da impossibilidade de se separar factos e valores na prática clínica. Em Psiquiatria ainda se agudizam mais estas questões, dado estarem em causa os aspectos pessoais e subjectivos da realidade humana, tanto na investigação como na prática clínica. A Psiquiatria deve basear-se em provas e tem que ter em conta os valores, sejam eles epistémicos, económicos, éticos ou existenciais.

A Bioética tem vindo desde há várias décadas a contribuir para uma imensa mudança, relacionada com a maior autonomia e capacidade de decisão dos doentes num contexto de profundas transformações tecnológicas da prática médica e também na organização e gestão das políticas de saúde. Aos tradicionais princípios de Beneficência e Não-Maleficência vieram juntar-se os princípios de Justiça e de Autonomia. O princípio de Autonomia tem como corolário o consentimento informado, obrigando a um processo de adaptação e convergência entre a informação que o médico possui e os desejos e valores manifestados pelo doente. É evidente que o paternalismo médico foi mais marcado e duradouro em Psiquiatria, mas é igualmente necessário enfatizar que há óbvios limites ao princípio de autonomia dos doentes quando estão em causa outros valores fundamentais (ex: internamento compulsivo).

**4.** De forma sucinta enumeram-se agora alguns pontos fundamentais destes temas na actualidade:

*Neurociências* – O progresso do conhecimento em Imagiologia e Neurofisiologia do SNC e Genética Molecular permitiu avanços significativos na fisiopatologia das Doenças Mentais a par da inovação em

Psicofarmacologia, tão importantes como o conhecimento dos Factores Sociais e do Desenvolvimento.

*Terapêuticas* – São hoje mais diversificadas, complexas e eficazes. Um programa terapêutico só se considera completo hoje em dia se abranger Psicoterapias, Reabilitação, Hospital de Dia, Serviço Social e facilidade de acesso a unidades de vida apoiada ou protegida, fóruns sócio--ocupacionais, etc, num processo de monitorização ligado a uma equipa terapêutica

*Saúde Mental* – Designação com âmbito muito mais vasto que Psiquiatria, tendo muito a ver com uma elaboração de valores. Hoje em dia tem como temas recorrentes problemas como a redução do "estigma", a informação sobre a doença, os direitos dos doentes, o papel dos grupos de auto-ajuda, reivindicações de carácter social como a ocupação dos doentes, assistência sócio-psicológica das famílias e progressos da legislação.

*Psicoterapias* – São hoje mais diversificadas e menos herméticas que num passado recente, enfrentando como desafios a organização de unidades em serviços públicos e a discussão sobre o controle administrativo e científico destas práticas.

## Conclusões

**1.** Paralelamente ao ressurgimento da noção de Sujeito/Pessoa é fundamental a noção de contexto que liga o social e o individual numa perspectiva Relacional e Sistémica.

**2.** É necessário seguir todos os progressos da Psiquiatria nos vários sectores de pesquisa e aplicação. No trabalho clínico diário é indispensável a disposição empática, a tolerância, a aceitação e o reconhecimento do "Outro" e da sua história de vida e o enfatizar desta dimensão interpessoal constitui a melhor maneira de reconhecer a validade do modelo bio-psico-socio-axiológico na compreensão da complexidade das doenças mentais e no correspondente aperfeiçoamento das práticas de reabilitação e inclusão social.

## Bibliografia

BLOCH, S; CHODOFF, P; GREEN, S. A. – *Psychiatric Ethics*. Oxford University Press. 1999.

Lazaro, José – "De la evidencia ilusoria a la incertidumbre razonable: Introducción histórica" – Archivos de Psiquiatria, Sup. 3. 2000.

Moulines, C. Ulises – "La distinción entre hechos y valores: Una perspectiva integracionista" in José Ferrater Mora: *El Hombre y su Obra*. Universidad Santiago de Compostela. 1994.

Wulff, H. R.; Pedersen, S. A.; Rosenberg, R. – *Philosophy of medicine. An introduction*. Blackwell Scientific Publication. 1990.

# PSICOLOGIA COMUNITÁRIA – CONTRIBUTOS PARA O DESENVOLVIMENTO DE SERVIÇOS DE BASE COMUNITÁRIA PARA PESSOAS COM DOENÇA MENTAL

JOSÉ H. ORNELAS[*]

## O Contexto

O sistema de saúde mental em Portugal, nos anos oitenta do século XX, estava estruturado em tomo dos hospitais psiquiátricos, de alguns serviços de psiquiatria agregados aos hospitais gerais e em estruturas institucionais geridas por congregações religiosas. Em 1987, um grupo de pessoas composto por profissionais, pessoas com doença mental e seus familiares, criou uma organização não governamental denominada Associação para o Estudo e Integração Psicossocial[1] para promover um sistema de serviços de base comunitária. No decurso das últimas duas décadas no trabalho desenvolvido por esta organização, tem-se procurado sintetizar os contributos da Psicologia Comunitária e de outras iniciativas no domínio da integração psicossocial de forma a procurar contribuir para a renovação do sistema de saúde mental em Portugal (Ornelas, 2002; Ornelas, Monteiro, Vargas-Moniz, Duarte, 2005).

Este processo de mudança tem-se orientado com base em dois eixos distintos: *a)* um eixo estrutural focalizado em recursos e serviços e *b)* um

---

[*] Professor Associado do Instituto Superior de Psicologia Aplicada, Lisboa – Portugal.

[1] Diário da República III Série n.º 284 de 11 de Dezembro de 1987 (Constituição) e Diário da República III Série n.º 46 de 25 de Fevereiro de 1991 (Reconhecimento de Utilidade Pública).

segundo eixo com base numa abordagem ecológica da intervenção individual focalizada na mobilização ou expansão dos contextos pessoais e sociais. Para responder ao primeiro domínio, foi organizado um sistema de suporte de base comunitária estruturado para proporcionar serviços de apoio habitacional, de educação e emprego apoiados, promovendo a utilização de contextos naturais, tais como o acesso a escolas regulares, particularmente escolas secundárias e universidades, bem como toda a diversidade de recursos que estão disponíveis para a população em geral.

O segundo eixo tem-se focalizado no desenvolvimento de uma abordagem contextualista e ecológica (Levine e Perkins, 1987, 2004; Kelly, 2006) da intervenção individual focalizada na mobilização de recursos naturais para expandir as redes e suportes sociais, mantendo as pessoas com experiência de doença mental activas na vida da comunidade. O movimento da ajuda mútua tem também contribuído decisivamente para a melhoria e fortalecimento do papel social das pessoas com experiência de doença mental.

Este sistema foi inspirado na teoria de *Empowerment* (Rappaport, 1977, 1984; Zimmerman, 2000) e na missão do *Recovery* que pode ser definido como um processo, uma atitude, uma forma de encarar os desafios do dia-a-dia...estabelecer um sentido renovado de integridade e propósito pessoal para além da doença (Deegan, 2002) ou como uma forma de "...retomar um sentimento de confiança em si próprio(a)" (Chamberlin, 1997, p.9). O *Recovery* é assim possível através de um processo de fortalecimento pessoal, de controlo sobre as decisões importantes para a vida de cada pessoa, na sua participação na vida da comunidade e através do desempenho de papéis profissionais, educacionais ou familiares relevantes (*Cf.* Ahern & Fisher, 2001).

Durante estes últimos vinte anos de intervenção persistente, tem decorrido um processo negocial, tanto com as estruturas governamentais nas áreas da segurança social e saúde como com financiadores e apoiantes do sector privado ou cooperativo. Com as estruturas governamentais, foi criada uma comissão entre 1990 e 1992 em que representantes desta organização foram extensamente entrevistados num conjunto de audiências e reuniões com um grupo trans-disciplinar e inter-ministerial (Saúde e Segurança Social), processo este que lançou a base para um documento legal que haveria de ser adoptado em 1998 (Despacho Conjunto 407/98).

Em 1995 as estruturas governamentais reconheceram oficialmente a importância desta área e criaram um acordo estabilizado de financiamento; nas etapas anteriores haviam sido disponibilizados suportes extraordinários essencialmente destinados às estruturas, mas sem abranger a operacionalização dos serviços.

Hoje, temos as estruturas, o conhecimento, a experiência, os (as) profissionais com formação bem como o compromisso das pessoas com doença mental e os seus familiares para consolidar todo este processo, pelo que podemos afirmar que Portugal está numa posição privilegiada para evitar fenómenos de Trans-institucionalização observados em países como a Itália, o Reino Unido e mesmo os Estados Unidos da América que, durante os anos setenta e oitenta do Século XX (Mosher e Burti, 1989; Levine e Perkins, 1987, 2004), promoveram políticas públicas sem a adopção de um paradigma com a capacidade de sustentar a complexidade dos processos de integração social.

Embora ainda estejamos num país com dois sistemas na área da saúde mental, com um sistema que se compõe dos grandes hospitais psiquiátricos, que consome a maior parte dos recursos, e um sistema comunitário de suporte, é ainda relevante apresentar uma teoria e uma prática que possa preparar a era pós-hospitalar.

Em 2006, inspirados na *New Freedom Commission,* EUA de 2003, no relatório irlandês intitulado "Uma Visão para a Mudança: Relatório do Grupo de Peritos sobre Políticas de Saúde Mental"[2] (2004), e outras iniciativas, o Governo português criou uma Comissão Nacional para a Reforma dos Serviços de Saúde Mental,[3] que incluiu a representação de diversas pessoas envolvidas em iniciativas de base comunitária. No âmbito desta Comissão, tem sido possível organizar várias audiências públicas para pessoas com experiência de doença mental, familiares e profissionais, para que grupos provenientes das diversas organizações, serviços ou mesmo pessoas a título indivdidual, tenham a oportunidade de apresentar as suas necessidades específicas, opiniões e sugestões para a mudança. A partir da experiência de trabalho em contexto comunitário foi possível estruturar um conjunto de recomendações para apoiar e

---

[2] No original "A vision for Change: Report of the Expert Group on Mental Health Policy".

[3] Para mais informação ver Despacho n.º 11411 de 25 de Maio de 2006.

influenciar a Comissão Nacional como forma de contribuir para a mudança nas políticas públicas para a área da saúde mental.

Partindo da premissa de que os serviços orientados para o *recovery* (Onken, Dumont, Dornan, Ralph, 2002), tendem a ter resultados mais positivos em termos dos índices de satisfação dos seus utilizadores, da sua participação social e dos resultados em termos de integração comunitária, recomenda-se que nos vários domínios e sistemas de prestação de serviços se possa reflectir acerca de como se poderão estes sistemas reorganizar-se em função deste objectivo. Por outro lado, propõe-se também que os serviços que estejam sustentados na teoria de *empowerment*, isto é, que sejam influenciados pelos utilizadores dos serviços e que contem com a sua participação activa para melhorar os resultados em termos de *recovery*.

No sentido de continuar a construir e generalizar a vertente de integração comunitária para a área da saúde mental é fundamental que as soluções habitacionais possam ser diversificadas (Brown, Ridgway, Anthony, Rodgers, 1991), proporcionando opções de grupo e/ ou individualizadas e incluindo oportunidades para quem opte por viver em situações maritais. Será também relevante a estruturação de serviços de apoio domiciliário, compostos por equipas especializadas de intervenção, cujo objectivo primordial é o da prestação de serviços e suportes conducentes à manutenção das opções habitacionais em contextos comunitários, mesmo em situações de crise, procurando manter permanentemente as ligações e a articulação face aos contextos naturais relevantes para as pessoas com experiência de doença mental.

A partir da investigação disponível (p.e. Ridgway e Zipple, 1990; Brown e tal, 1991 entre outros), as soluções individualizadas tendem a aumentar os índices de satisfação e de integração das pessoas abrangidas.

No que concerne à integração profissional, considera-se fundamental a estruturação de suportes adequados e estratégias eficazes para a integração profissional nas empresas. Com este paradigma de integração, o sucesso pode ser alcançado por um número muito superior de pessoas, particularmente se os mecanismos legislativos ou programas nacionais e/ou europeus estruturados para apoiar desempregados de longa duração forem implementados.

A acessibilidade ou o regresso à escola é também relevante para se concluir diplomas nos diversos graus académicos no sistema regular, ou através de sistemas de equivalências; a conclusão de graus facilita e aumenta as oportunidades de integração profissional tem um enorme impacto na melhoria dos índices de satisfação, tanto em termos pessoais como familiares.

O que temos aprendido tanto a nível nacional e internacional é que os sistemas de saúde mental não se podem focalizar exclusivamente no tratamento de base institucional ou em ambulatório. Torna-se assim necessário reconhecer que há outros recursos fundamentais em todo este processo, nomeadamente a diversificação de opções em termos de habitação, de emprego e educação, se quisermos observar o aumento das taxas de satisfação dos utilizadores e de integração comunitária efectiva.

É também possível observar resultados e impactos de longo-prazo, nas três áreas principais (habitação, emprego e educação) que podem ser consolidados através da participação concreta e o controle por parte dos utilizadores nos serviços e nos recursos de suporte.

Deste modo, a reforma dos serviços de saúde mental deve incluir os Hospitais Gerais, os Centros de Saúde Mental em contextos comunitários e as políticas públicas intersectoriais nas áreas da habitação, do emprego e educação, todas orientadas para o *recovery* e abrangendo a construção de sistemas de avaliação com a participação activa dos utilizadores.

Para o desenvolvimento de serviços de base comunitária é ainda necessário estruturar suportes para as opções habitacionais diversificadas e para aumentar o acesso ao emprego e educação, bem como para a criação de organizações de ajuda mútua e suporte inter-pares, lideradas exclusivamente por utilizadores.

Para a formação dos recursos humanos e para que estejam mais habilitados para participar neste processo de mudança, podemos identificar três prioridades: a) formação específica na área da prevenção e da promoção da saúde mental; b) formação sobre a teoria de *empowerment,* tanto em termos de processos como de resultados; c) formação incidindo sobre o planeamento, implementação e avaliação de programas de base comunitária.

Para a investigação a sugestão será o desenvolvimento de uma linha de investigação, que possa apoiar projectos inovadores na área da saúde mental, como por exemplo, um projecto sobre narrativas de *recovery,* processos e resultados de *empowerment.*

Considera-se assim pertinente que a Comissão portuguesa, à semelhança das Comissões irlandesa ou americana, inclua o *recovery* como desígnio para a reforma dos serviços de saúde mental, que os utilizadores tenham a possibilidade de influenciar de forma continuada a prestação e avaliação dos serviços, que as hospitalizações tenham lugar nos hospitais gerais ou espaços em contextos comunitários e de que há ainda a necessidade de aumentar os recursos disponíveis em termos de habitação, de suportes no acesso e manutenção do emprego e alternativas educacionais.

A partir da nossa experiência, podemos concluir que não é suficiente a criação de estruturas ou serviços de base comunitária, precisamos de um paradigma, um modelo que possa contrapor a possibilidade de se replicar os modelos institucionalistas e hospitalo-cêntricos nos contextos comunitários.

### *Integração Comunitária de Pessoas com Experiência de Doença Mental*

A abordagem contextualista focaliza-se na integração comunitária perspectivada como a presença física na comunidade, o acesso aos recursos comunitários, cuidados pessoais, participação em contextos familiares, de amizade e outros grupos e/ou contextos sociais (Segai & Aviram, 1978; Aubrey & Myner, 1996), e não a integração em serviços e recursos especificamente desenhados para pessoas com doença mental e para os seus familiares. Se revisitarmos os princípios da saúde mental comunitária, cruzamo-nos com afirmações como as pessoas, independentemente do diagnóstico que lhes tenha sido atribuído ou de outra qualquer vulnerabilidade, devem viver na comunidade, mesmo nos momentos mais difíceis, mantendo o acesso aos recursos disponíveis (Mosher e Burti, 1989; Levine e Perkins, 1987, 2004).

O movimento da saúde mental comunitária advoga que as pessoas que tenham acesso a recursos melhoram a sua vida, crescem e fortalecem-se (Levine e Perkins, 1987, 2004).

Embora seja ainda observável alguma prevalência social das perspectivas biológicas e genéticas, a participação em contextos sociais integrados contribui decisivamente para a prevenção de rupturas pessoais ou sociais e promove a estabilidade e o bem-estar a longo-prazo.

A integração social é consequência de um conjunto de valores que defendem que as pessoas com doença mental tenham acesso às mesmas casas e aos mesmos contextos de emprego ou outras formas de interacção social, tal como qualquer outra pessoa; as pessoas com experiência de doença mental devem ter a possibilidade de escolher onde querem viver, trabalhar, estudar e socializar em conjunto com outras pessoas que não tenham experiência de doença mental, para benefício mútuo. Os serviços e os suportes devem ser disponibilizados de acordo com as necessidades expressas individualmente, tendo em consideração que o grau e a diversidade de necessidades tendem modificar-se ao longo do tempo (*Cf*, Carling e Palmer, 1999).

A aplicação de um modelo comunitário às pessoas com doença mental, famílias e profissionais de suporte, implica a reflexão acerca do papel que deve ser desempenhado por cada um dos grupos. Em relação às pessoas com experiência de doença mental, a mudança requer uma reflexão crítica aprofundada e a participação individual, organizacional e comunitária.

A participação das pessoas com doença mental em redes europeias e outras redes internacionais tem contribuído para a autonomia progressiva dos movimentos de utilizadores ou sobreviventes. A emergência de um movimento de pessoas com experiência de doença mental em Portugal, como parte integrante do movimento global nesta área, tem vindo a acontecer em diversos momentos, nomeadamente a participação de utilizadores em seminários, congressos e outros eventos nacionais e internacionais, a organização de reuniões e contactos sistemáticos com líderes ou representantes de diversas organizações, a publicação de um boletim, a contribuição para documentos internacionais como o *Green Paper* na área da Saúde Mental e o processo de criação de um *Centro de Empowerment e Ajuda-Mútua,* aberto para todos os que considerem necessitar do suporte dos seus pares, na área da saúde mental.

E fundamental que as pessoas com doença mental controlem as organizações, só assim é que um modelo comunitário se torna uma realidade; um exemplo concreto dessa realidade é a emergência e o papel desempenhado pelos grupos de ajuda mútua.

A partir de uma dinâmica de investigação colaborativa, conseguimos identificar resultados concretos da aplicação da filosofia de *empowerment,* nomeadamente um maior controlo e responsabilidade sobre as suas próprias vidas, o aumento da participação nos processos de decisão em termos organizacionais, o desempenho de papéis relevantes no suporte aos pares, na consultoria aos serviços prestados por profissionais, pelo que podemos concluir que maior participação e controlo geram um aumento da consciência crítica, crescimento pessoal e *recovery* (*Cf.* Ornelas *et al* 2002).

## Os familiares das pessoas com experiência de doença mental

No que concerne às famílias, no decurso dos últimos vinte anos, os membros das famílias, quer se tratassem de pais, irmãos ou outros parentes, tiveram também a oportunidade de participar em iniciativas de âmbito nacional e internacional, em projectos europeus (*p.e.* O Projecto PROSPECT 2001/2004 – Uma iniciativa financiada pelo Programa Europeu Leonardo da Vinci), ou reuniões e outros eventos de natureza diversificada, organizaram um grupo de ajuda-mútua e são membros de organizações de familiares das pessoas com doença mental a nível nacional e internacional (EUFAMI – Federação Europeia das Famílias das Pessoas com Doença Mental).

Num *focus group* organizado no decurso de 2006, que incluiu pais e irmãos, ao discutir a situação actual do sistema de saúde mental, chegou-se conclusões de que se destacam a atribuição de carácter prioritário da criação de um movimento de famílias que defenda a integração comunitária das pessoas com experiência de doença mental; a acessibilidade a apoios que facilitem a integração comunitária como uma alternativa aos hospitais psiquiátricos e outras formas de internamento involuntário.

Este movimento deve procurar promover uma perspectiva holística acerca da doença mental, envolvendo-se na defesa dos direitos humanos dos seus familiares com experiência de doença mental em termos de direitos fundamentais, incluindo a procura de uma vida comunitária.

Um dos objectivos primordiais deste movimento de famílias é o desenvolvimento de uma dinâmica de ajuda-mútua, através de grupos diversificados e plataformas ou redes de interacção mais alargada, orientadas para as suas necessidades e suportes específicos, criando um sistema de assistência para benefício mútuo e para o *lobbying* político na defesa do aprofundamento dos sistemas de serviços e suportes comunitários.

## Os (as) profissionais em contextos comunitários

Para o desenvolvimento de um sistema comunitário de prestação de serviços na área da saúde mental o maior desafio colocado aos(às) profissionais é o da aplicação de uma filosofia de *empowerment* e da promoção do recovery (*Cf* Kloos, 2005) nas organizações comunitárias. A ideia de *empowerment* deve também ser aplicada aos profissionais, para que possam sentir-se fortalecidos e capazes de ancorar a sua prática num conjunto de valores que lhes permita aplicar um modelo comunitário consistente e a adaptar-se à participação crescente das pessoas com experiência de doença mental.

A aplicação de um modelo comunitário consistente deve procurar mudar a ideia de que a prioridade é a integração das pessoas com experiência de doença mental e dos seus familiares nos contextos de prestação de serviços; o objectivo primordial da intervenção é a organização e a orientação consistente no sentido da integração em contextos comunitários.

Os serviços de base comunitária devem assim promover a participação em actividades sociais regulares, a manutenção de laços sociais diversificados, o aumento do acesso a uma rede de interacções sociais, incluindo a troca recíproca de suportes, as oportunidades de debate e reflexão crítica, bem como o fortalecimento do sentimento de comunidade ou de pertença, potenciados pela integração directamente nas empresas ou nas escolas procurando a frequência nos *curricula* regulares.

A implementação de um modelo comunitário implica uma abertura para o mundo exterior, a construção de redes e parcerias comunitárias para responder a necessidades específicas, aos interesses, talentos e opções dos (as) utilizadores dos serviços.

Em relação ao desafio colocado aos profissionais em relação ao ajustamento face à crescente participação das pessoas com experiência de doença mental, o desafio é o da partilha do poder. As áreas privilegiadas para o cumprimento deste desígnio são a participação activa nos processos de decisão relacionados com a organização, incluindo a definição de prioridades; a promoção da participação dos (as) utilizadores nos serviços, nos debates e nas iniciativas ou programas de formação contínua; a implementação de áreas de responsabilidade exclusiva por parte dos(as) utilizadores, como os grupos de ajuda-mútua, o suporte inter-pares, o desempenho de papeis significativos, a prestação directa de serviços e a representação externa da organização; a participação na definição de prioridades em termos de investigação privilegiando metodologias colaborativas, abordagens qualitativas e assegurando que os resultados da investigação serão utilizados para a melhoria dos serviços e suportes.

Os profissionais devem ser defensores da causa da integração social das pessoas com experiência de doença mental a todos os níveis, nas empresas, nas escolas, no exercício dos seus direitos ou deveres cívicos e políticos (*p.e.* a participação política, o acesso a legados ou heranças familiares, a manutenção de contas bancárias, seguros de vida ou de saúde, etc.).

A missão dos profissionais como agentes de mudança é também a da promoção de alterações nos serviços para que se tornem mais eficazes na busca e localização de soluções em contextos integrados em termos educacionais, profissionais, ou outros domínios sociais. Neste processo de mudança as questões da habitação são também cruciais, sendo necessário desenvolver serviços e sistemas de suporte para a aquisição ou arrendamento de espaços habitacionais que promovam a utilização de outros recursos na comunidade.

Para complementar este sistema múltiplo de suporte comunitário, temos de incluir o suporte e a intervenção na crise, através do desenvolvimento da formulação de planos individuais de crise, o desenvolvimento de suportes flexíveis para a actuação em situações de emergência, de modo a prevenir as hospitalizações ou situações de ruptura social e/ou familiar.

## Conclusão

Em consequência desta experiência de intervenção, é possível concluir que a validação da qualidade dos serviços de acordo com um paradigma comunitário tem que observar três critérios que são também reconhecidos como cruciais para a investigação em Psicologia Comunitária e que são: a) os processos e resultados de *empowerment;* b) a participação dos indivíduos e a acessibilidade aos serviços e recursos naturais.

A implementação plena da ideia de desinstitucionalização é ainda um imperativo moral para a psicologia comunitária e foi o ponto de partida para o movimento da saúde mental comunitária; precisamos de expandir e alargar as fronteiras da ideia de diversidade advogando a integração plena das pessoas com experiência de doença mental e as pessoas com deficiência física e/ou mental que foram sendo deixadas para trás nos processos de encerramento de instituições. Devemos continuar a trabalhar sobre estes processos e revisitar os valores, de modo a consolidar e manter a consistência das nossas intervenções futuras.

# References

AHERN, L. & FISHER, D. (2001) Recovery at your own PACE, *Journal of Psychosocial Nursing* 39(4): 22-31.
AHERN, L., & FISHER, D. (2001) *PACE/Recovery Curriculum*, Lawrence, MA, National Empowerment Center.
AUBREY, T. & MYNER, J. (1996) Community Integration and quality of life: a comparison of persons with psychiatric disabilities in housing programs and community residents who are neighbours. *Canadian Journal of Community Mental Health*, 15(1), 5-19.
BROWN, M.A; RIDGWAY, P.; ANTHONY, W.A and RODGERS, E.C. (1991) A comparison of outcomes for client seeking and assigned to supported housing services. *Hospital and Community Psychiatry* 42(11).
CHAMBERLIN, J. (1997) A working definition of empowerment, *Psychiatric Rehabilitation Journal*, 20, 43-46.
DEEGAN, P., Recovery as a Journey of the Heart *In* Actas *Conferência de Novos Desafios na Reabilitação de Pessoas com Doença Mental.* Lisboa: AEIPS.
FISHER, D.; CHAMBERLIN, J. (2004) *PACE/Recovery through Peer Support,* Lawrence, MA: National Empowerment Center.
*Green paper* para a área da saúde mental, consultado em 18 de Novembro de 2006.
KELLY, J. (2006) Becoming Ecological: An expedition into Community Psychology. New York: Oxford University Press.
KLOOS, B. (2005) Creating new possibilities for promoting liberation, well-being and recovery: leaming from experiences of psychiatric consumers/ survivors. In Nelson, G. and Prilleltensky, I.(Eds.) *Community Psychology: In pursuit of liberation and well-being*, New York: Palgrave Macmillan.
LEFF, J.(1997) *Care in the Community – Illusion or reality?* London: John Wiley & Sons, Ltd.
LEVINE, M; D.V. PERKINS *Principles of Community Psychology: Perspectives and Applications.* New York: Oxford University Press, 1987, 2004.
MOSHER, L.R; L. BURTI *Community Mental Health: Principles and Practice.* New York: W.W. Norton & Company, 1989
ONKEN, S.J.; DUMONT, J.; RIDGWAY, P.; DORNAN, D.H. and RALPH, R.O. (2002), Mental Health Recovery: What helps and hide's? A national research project for the development of recovery facilitating system and performance indicators, Alexandria, VA: National Technical Assistance Centre for State Mental Health Planning/ National Association for State Mental Health Program Directory.
ORNELAS, J. (2002) Uma década de reabilitação em Portugal: Desafios futuros, *In* Actas *Conferência de Novos Desafios na Reabilitação de Pessoas com Doença Mental.* Lisboa: AEIPS.

ORNELAS, J. (Ed.) (2005) *Empowerment e Participação das Pessoas com Doença Mental e os seus Familiares.* Lisboa: AEIPS.

ORNELAS, J; MJ. VARGAS-MONIZ; M. ALBURQUERQUE (2003) Empowerment e Reabilitação de Pessoas com Doença Mental, *In* M.Á. Verdugo Alonso e F.B. Urriés Vega (Eds.) *Investigación, innovación y cambio V jornadas Científicas de Investigación sobre personas con discapacidad.* Salamanca: Amará Ediciones.

RAPPAPORT, J.; E. SEIDMAN (Eds.) (2000) *Handbook of Community Psychology,* New York: Kluwer Academic, 2000.

RAPPAPORT, J.; R. HESS (Eds.) *Studies in Empowerment: Steps toward Understanding and Action.* New York: The Haworth Press.

RIDGWAY, P and ZIPPLE, A.M. (1990) Challenges and strategies for implementing supported housing. *Psychosocial Rehabilitation Journal* 13(4).

SEGAI, S. & AVIRAM, U. (1978) Toward a Community Care System, In S. Segai & U. Aviram (Eds) *The mentally ill in community-based sheltered care: Study of community care and social Integration.* New York: Wiley-Interscience publication.

ZIMMERMAN, M. (2000) Empowerment, *In Handbook of Community Psychology,* New York: Kluwer Academic, 2000.

# MODALIDADES DE APOIO ÀS FAMÍLIAS: AS INTERVENÇÕES PSICO-EDUCATIVAS

MIGUEL XAVIER[*]
MANUEL GONÇALVES PEREIRA[*]

**Introdução**

A avaliação das repercussões da doença mental na família está intimamente ligada ao advento da desinstitucionalização, iniciada nos países ocidentais a partir dos finais da década de 50.

De facto, se até então as alternativas logísticas e assistenciais dos indivíduos com doenças mentais graves se cingiam geralmente aos serviços de internamento dos hospitais psiquiátricos, a introdução de novas abordagens terapêuticas (psicofármacos, programas de intervenção integrada, reabilitação psicossocial, etc.) por um lado, e a estruturação comunitária dos serviços (melhorando a acessibilidade) por outro, vieram permitir que um número crescente de doentes se pudesse manter integrado no seu meio ecológico, passando a recorrer ao internamento apenas em situações de manifesta necessidade (descompensação psicótica aguda ou tentativa de suicídio, por exemplo).

Actualmente, embora a casuística esteja inevitavelmente matizada por aspectos culturais e pela disponibilidade de apoios residenciais na comunidade, supõe-se que nos países ocidentais industrializados cerca de 50% dos doentes vivem com as famílias, as quais apresentam uma estrutura monoparental em 30% dos casos, sendo ainda de assinalar, dadas as implicações logísticas a longo-prazo, que a idade média dos pais (quando são estes os parentes mais próximos) é ligeiramente superior a 60 anos.

---

[*] Departamento de Saúde Mental – Faculdade de Ciências Médicas – UNL.

Em Portugal, pese a ausência de estudos formais de morbilidade que fundamentem a realidade com dados rigorosos, os resultados de investigações parcelares apontam para percentagens de doentes a viver com a família significativamente mais elevadas que nos países do Norte da Europa.

No entanto, se através do processo de desinstitucionalização se tem vindo a assistir à redução progressiva e generalizada do número de camas de internamento prolongado na grande maioria dos hospitais psiquiátricos a nível europeu (culminando em alguns casos no encerramento dos mesmos), da mesma forma se constata que nem sempre este movimento tem sido acompanhado pela criação simultânea dos dispositivos considerados essenciais para a prestação de cuidados adequados às necessidades dos doentes, na comunidade.

Acresce a isto o facto de que, com a implementação progressiva dos modelos assistenciais, os doentes internados por situações de crise acabam por ter alta cada vez mais cedo, regressando ao contacto com a família numa altura que pode ser sentida por esta como demasiado precoce.

Não é, pois, de estranhar que a família, sujeita a um novo conjunto de circunstâncias para a qual não estava preparada, dispondo de insuficiente informação acerca da doença, com dificuldades frequentes na comunicação com os profissionais e muitas vezes sem acesso a estruturas adequadas às suas necessidades, se acabe por sentir sobrecarregada com a responsabilidade de constituir, em essência, o último reduto disponível para o doente, com o ónus daí decorrente.

O reconhecimento deste facto por parte dos responsáveis pela organização de serviços de saúde mental tem suscitado nas últimas três décadas um amplo movimento de investigação na área da sobrecarga familiar, que de um primeiro tempo dominado pelos estudos de exequibilidade de programas de desinstitucionalização, se tem vindo a centrar na avaliação quer de desenvolvimentos clínicos (abordagens familiares de várias orientações teóricas) quer da qualidade dos sistemas prestadores de cuidados.

**Repercussões da doença psiquiátrica na família**

Durante uma parte muito significativa do séc. XX, os paradigmas da interacção entre doente e família foram dominados pelo papel desta última enquanto agente etiopatogénico ou perpetuante na esquizofrenia, de que são exemplos bem conhecidos os conceitos de "mãe esquizofrenizante", "paciente identificado" e *"double-bind"*.

Nas últimas duas décadas, no entanto, tem-se vindo a assistir no campo da psiquiatria e saúde mental a uma modificação significativa desta perspectiva, através do desenvolvimento e elaboração do conceito de sobrecarga familiar (*family burden*).

Esta expressão designa um constructo no qual se distinguem habitualmente dois componentes, a *sobrecarga objectiva*, correspondente ao impacto directo das modificações e limitações impostas pela doença de um indivíduo nos seus familiares (eg, alteração indesejável das rotinas familiares e individuais, restrição das actividades sociais, dificuldades laborais/financeiras), e a *sobrecarga subjectiva*, que engloba um conjunto de sentimentos resultante da vivência intrapsíquica destas limitações (eg, perda, culpabilidade, tensão relacional intra-familiar, preocupação com o futuro, medo da violência).

Independentemente do modelo conceptual utilizado para descrever os componentes da sobrecarga familiar, é indiscutível que a existência de uma doença mental grave acarreta potencialmente um conjunto de modificações mais ou menos marcadas no funcionamento da família.

Relativamente à participação na rotina doméstica, verifica-se que a redistribuição pelos familiares de tarefas até aí atribuídas ao doente, ao implicar uma redução objectiva da disponibilidade daqueles, pode levar ao aparecimento na família de uma atmosfera de conflituosidade.

Nos familiares para quem a doença psiquiátrica grave tem um carácter estigmatizante, o medo da rejeição social, associado ao pouco tempo disponível, pode condicionar uma restrição progressiva nos contactos sociais, provocando em última instância o afastamento quase sistemático da família relativamente à sua rede de suporte social.

Os aspectos referentes aos custos económicos podem também desempenhar um papel importante na génese e agravamento da sobrecarga, encontrando-se frequentemente o familiar na situação contraditória de necessitar de aumentar as receitas, para fazer face aos encargos com a terapêutica, e simultaneamente ter de disponibilizar mais tempo para cuidar do doente. Este facto, que é potenciado pela elevada taxa de dependência social e económica dos doentes psiquiátricos graves, pela presença de comorbilidade com abuso de substâncias e pela idade avançada de grande parte dos pais, faz com que o impacto financeiro seja sentido como particularmente perturbador pela maioria dos familiares.

No que se refere aos efeitos sobre o estado de saúde, os dados existentes apontam para uma prevalência de perturbações psiquiátricas ligeiras mais elevada nos familiares deste doentes que na população geral.

Subjectivamente, é extremamente frequente o aparecimento de preocupações relacionadas com uma eventual auto-responsabilização pelo aparecimento da doença, com dúvidas quanto à reversibilidade da mesma, passando ainda por receios sobre o futuro do doente (alojamento, necessidade de cuidados) e do próprio (antecipação da velhice, invalidez).

Estas preocupações constituem elementos fundamentais do sofrimento subjectivo, a que se podem ainda associar outros sentimentos tais como culpa, incerteza, raiva, ambivalência, os quais podem originar no familiar uma sensação irreparável de perda.

O conceito de sobrecarga familiar tem vindo a ser desenvolvido na Faculdade de Ciências Médicas desde 1993, quer na vertente académica[1,2] através da participação em projectos multicêntricos no âmbito da União Europeia (BIOMED 1), nos quais foram desenvolvidos e adaptados diversos instrumentos de avaliação quantitativa nesta área.

No contexto do projecto *"The Family of the Schizophrenic Patient: Objective and Subjective Burden and Coping Strategies"*, que envolveu diversos países europeus (Itália, Portugal, Alemanha, Grécia e Reino Unido) durante a primeira metade da década de 90, constatou-se a existência de níveis muito elevados de sobrecarga familiar em Portugal, nomeadamente a nível do componente de sobrecarga subjectiva [3,4,5].

Este facto, também partilhado pelos outros países do Sul da Europa, era acompanhado pela coexistência de estratégias de *coping* manifestamente inadequadas: a título de exemplo, as estratégias de *coping* mais utilizadas para lidar com a situação de psicose de um familiar em Inglaterra e Alemanha passavam por uma postura de grande exigência de apoio por parte dos serviços, ao passo que no Sul da Europa predominavam a resignação e o isolamento social.

Para além destes aspectos, ficou manifesto a enorme diferença que existia quanto à oferta de programas e intervenções estruturadas para familiares de doentes com psicoses entre os países do Norte e Sul, com todas as implicações daí decorrentes.

## Intervenções familiares e psicoeducação

O desenvolvimento de programas e intervenções dirigidos às necessidades dos indivíduos com doenças mentais graves e das suas famílias tem conhecido um enorme incremento nos últimos anos, com o aparecimento de uma grande variedade de modelos e técnicas[5].

Ainda que os vários modelos de intervenção familiar tenham diferenças significativas entre si, constata-se a existência de numerosos pontos de contacto entre eles, tanto a nível dos constructos teóricos como dos procedimentos práticos, tais como:
- Os familiares são encarados como agentes terapêuticos efectivos.
- É fornecida informação estruturada sobre as características da doença (quadro clínico, importância da medicação, detecção de sinais de descompensação), fundamentalmente nas fases iniciais da intervenção familiar.
- A modificação da comunicação intra-familiar é um objectivo crucial.
- A aquisição de estratégias de *coping* mais eficazes é efectuada com base num treino sequencial.
- A intervenção familiar é integrada com a terapêutica farmacológica, numa lógica de incremento da adesão a longo prazo à medicação.

A extensa investigação já publicada nesta área demonstra inequivocamente que a implementação de programas combinando *case management* (eg, técnico de referência), intervenção familiar de tipo psicoeducativo e participação em grupos de suporte multifamiliares pode ter um impacto considerável na redução da taxa de recaída dos doentes, na diminuição da sobrecarga global dos familiares e na melhoria da satisfação com os serviços.

De facto, pressupondo um adequado manejo farmacológico concomitante, os estudos existentes indicam que as descompensações psicóticas e as hospitalizações decorrentes podem ser reduzidos em aproximadamente 50%.

Este nível tão elevado de evidência esteve na base da recomendação do 'National Institute for Clinical Excellence' (NICE, Reino Unido) no sentido de os serviços disponibilizarem este tipo de intervenção às famílias de indivíduos com esquizofrenia, particularmente nos casos de persistência de sintomatologia significativa, em situações de recaída recente ou de risco de recaída.

Em Portugal, paradoxalmente, verifica-se que a oferta deste tipo de intervenção é ainda muito escassa ou mesmo inexistente, nomeadamente em serviços públicos. Adicionalmente, a necessidade de implementação desta abordagem terapêutica só agora começa a ser reivindicada pelas associações de familiares, o que indicia que existe ainda um longo caminho a percorrer para dotar os serviços de saúde mental portugueses de oferta efectiva de programas e intervenções desta natureza.

Refira-se que, embora com uma dimensão significativamente menor que em Portugal, a implementação de programas de intervenção familiar de tipo psicoeducativo nos serviços públicos não está ainda suficientemente desenvolvida em grande parte dos países europeus industrializados.

Têm sido postuladas várias hipóteses explicativas desta dificuldade de implementação de um modelo cuja efectividade se encontra plenamente comprovada, desde a persistência de preconceitos teóricos à dificuldade na organização dos serviços, passando também pelas dificuldades na formação dos terapeutas.

Com o objectivo de avaliar o impacto destes factores na implementação das intervenções familiares na prática clínica, o Departamento de Saúde Mental da Faculdade de Ciências Médicas participou num projecto multicêntrico designado por 'Psychoedutraining' (com mais cinco países europeus), centrado nas dificuldades de aplicação do modelo de intervenção desenvolvido por Ian Falloon, designado por 'Terapia Familiar Comportamental'.

Em todos os países participantes, os resultados deste estudo confirmaram os benefícios da intervenção, quer para os doentes (sintomatologia, taxa de recaídas), quer para os seus familiares (diminuição da sobrecarga familiar).

No entanto, constatou-se a existência de dificuldades apreciáveis na implementação prática da intervenção (recrutamento de famílias, frequência das supervisões, conjugação com outras actividades, etc.). Mais importante ainda, constatou-se que essas dificuldades eram significativamente maiores nas equipas com menor autonomia, pior organização e sensibilidade deficiente para o trabalho multidisciplinar com famílias[7].

Naturalmente, estes resultados indiciam a necessidade urgente de uma reestruturação muito significativa nos modelos de prestação de cuidados a doentes com psicoses, mudança essa que terá de se realizar a diversos níveis: organização das equipas com base em modelos integrados (eg, avaliação de necessidades, tratamento assertivo, técnico de referência), formação dos profissionais em moldes distintos, integração dos familiares no processo terapêutico, disponibilização generalizada de intervenções psicoeducacionais.

Sem esta profunda modificação sistémica, dificilmente os serviços de saúde mental portugueses poderão responder às necessidades de cuidados quer dos doentes, quer dos seus familiares.

## Referências

1. *Repercussões da Doença Mental na Família – um estudo de familiares de doentes psicóticos* Gonçalves Pereira M. Dissertação de Mestrado – Faculdade de Ciências Médicas da UNL. 1996, Lisboa.
2. *Avaliação de Qualidade em Serviços de Psiquiatria e Saúde Mental – Estudo Multidimensional dos Cuidados Prestados a Doentes com Esquizofrenia.* Miguel Xavier. Dissertação de Doutoramento – Faculdade de Ciências Médicas da Universidade Nova de Lisboa, 1999, Lisboa.
3. Burden on the families of patients with schizophrenia. Magliano L, Fadden G, Madianos M., Caldas de Almeida JM, Maj M., *Social Psychiatry and Psychiatric Epidemiology,* 1998; 33: 404-412.
4. Social and Clinical Factors Influencing the Choice of Coping Strategies in Relatives of Patients with Schizophrenia: results of the BIOMED I Study. Magliano L, Fadden G, Economou M, Xavier M, Held T, Guarneri M, Marasco C, Maj M., *Social Psychiatry and Psychiatric Epidemiology,* 1998; 33: 413-419.
5. Family Burden and Coping Strategies in Schizophrenia: 1-Year Follow-Up data from the Biomed I Study. Magliano L, Fadden G, Economou M, Xavier M, Held T, Guarneri M, Marasco C, Maj M. *Social Psychiatry and Psychiatric Epidemiology*, 2000; 35:109-115.
6. Intervenções Familiares na Esquizofrenia: dos aspectos teóricos à situação em Portugal. Gonçalves Pereira M, Xavier M, Neves A, Correa B, Fadden G. *Acta Médica Portuguesa,* 2006; 19:1-8.
7. Effectiveness of a psychoeducational intervention for families of patients with schizophrenia: preliminary results of a study funded by the European Commission. Magliano L, Fiorillo A, Fadden G, Gair F, Economou M, Kallert T, Schellong J, Xavier M, Gonçalves Pereira M, Francisco Torres Gonzales F, Palma-Crespo A, Maj M. *World Psychiatry*, 2005; vol. 4 (1): 45-49.

# O PAPEL DA TERAPIA DE REMEDIAÇÃO COGNITIVA NA REABILITAÇÃO DE PESSOAS COM ESQUIZOFRENIA

FILIPA PALHA[*]

## 1. Introdução

### 1.1. Défices cognitivos na esquizofrenia

É hoje um dado consensual que os défices cognitivos têm um papel fundamental no conjunto sindromático da esquizofrenia (Goldberg e col., 1993; Green, 1996; Marques-Teixeira, 2003, 2005; Harvey e Sharma, 2002).

Aliás, que a esquizofrenia apresenta défices na cognição é um facto fácil de constatar dadas as características mais associadas a esta perturbação – delírios e alucinações –, serem distorções a nível do conteúdo do pensamento e da percepção. No entanto, para além destas expressões coloridas da doença, existe um mundo de défices cognitivos "aparentemente" com menor expressividade, mas com igual importância, que se manifestam na grande parte dos doentes e afectam vários domínios (atenção, memória, linguagem, planeamento, entre outros) (Marques-Teixeira, 2003, 2005; Harvey & Sharma, 2002).

Apesar dos avanços e dos consensos atingidos, ainda são fonte de controvérsia a natureza e evolução destes défices, estando ainda em aberto

---

[*] Psicóloga Clínica, Docente do Instituto de Educação da Universidade Católica – Porto; Presidente da ENCONTRAR+SE – Associação de Apoio às Pessoas com Doença Mental.

questões relacionadas com o início destas alterações, a sua evolução ao longo do curso da doença, os domínios atingidos, os mecanismos etiológicos subjacentes, a heterogeneidade da sua manifestação, entre outras (Palha e col., 2006).

No entanto, o que a evidência tem demonstrado é que os défices cognitivos são pervasivos nos doentes com esquizofrenia, estando presentes, de forma acentuada, em cerca de 75% dos doentes (Marques-Teixeira, 2005), são graves, variando entre 1,5 a 2 desvios-padrão abaixo dos valores apresentados por controlos saudáveis em diferentes dimensões chave da cognição (Harvey e Keefe, 2001; Heinrichs e Zakzanis, 1998; Saykin et al., 1991), e permanecem após remissão dos sintomas positivos (ver, p. ex., Nuechterlein, Dawson, e Ventura, 1991). Por outro lado, embora inicialmente perspectivados como expressão da doença imbuídos nos sintomas positivos e negativos, os défices cognitivos persistem após remissão dos sintomas psicóticos (Friedman e col., 2001) pelo que são hoje considerados pela comunidade científica como uma característica da doença a ser vista como autónoma e independente (Harvey e Sharma, 2002; Rund, 1998), e merecedora da maior atenção.

De tal forma se consolidou a importância dos défices cognitivos na compreensão e tratamento da esquizofrenia, que a comunidade científica se tem debruçado nos últimos anos no desenvolvimento de respostas farmacológicas e psicológicas para o tratamento da disfunção cognitiva nos doentes com esquizofrenia (Buchanan e tal, 2005; Hyman & Fenton, 2003; Sharma & Antanova, 2003; Sharma & Harvey, 2000).

### 1.2. Domínios cognitivos atingidos

A cognição abrange, como é sabido, diversos domínios que, no seu conjunto, possibilitam ao ser humano viver e adaptar-se de forma adequada aos desafios que a vida impõe. Inclui domínios como a atenção, percepção, memória e função executiva, entre outros.

O aspecto mais notável do quadro dos défices cognitivos em pacientes com esquizofrenia é que são poucas as funções cognitivas que permanecem semelhantes às de controlos saudáveis (Harvey & Keefe, 2001; Saykin e col., 1994). Uma revisão e meta-análise de 204 de estudos mostraram uma diferença consistente e estável entre pacientes com esquizofrenia (N = 7420) e controlos saudáveis (N = 5865) numa gama extensiva de domínios do funcionamento cognitivo. A estimativa da gravidade do défice neurocognitivo nesta mesma amostra sugere que muitas funções cognitivas importantes estão grave (2 a 3 desvios-padrão abaixo da média normal) ou moderadamente deficitárias (1 a 2 desvios--padrão abaixo da média normal (Heinrichs & Zakzanis, 1998).

Se é certo que todos os domínios que têm sido analisados apresentam défices (p. ex., atenção, memória, linguagem), também é verdade que nem todos os doentes apresentam o mesmo padrão de atingimento (Calev, 1999; Goldberg, Hyde, Kleinman & Weinberger, 1993; Hoff e col., 2005; Saykin e col., 1991), variando o perfil do défice cognitivo de doente para doente.

Apesar de encontrarmos na literatura algumas propostas para a definição de perfis de funcionamento/disfunção cognitiva, a verdade é que ainda não foi identificado um (ou mais) perfil específico de défices cognitivos na esquizofrenia, embora haja áreas onde está presente um défice cognitivo estável.

Recentemente, no âmbito de uma iniciativa do National Institute of Mental Health em parceria com a Food and Drug Administration dos EUA, para o desenvolvimento de novas drogas direccionadas ao tratamento dos défices cognitivos na esquizofrenia – *"Measurement and Treatment Research to Improve Cognition in Schizophrenia"* (MATRICS) –, partindo de uma extensa e rigorosa revisão da literatura, o grupo de peritos que trabalham no subcomité da neurocognição identificou como sendo domínios cognitivos mais afectados na esquizofrenia os da memória de trabalho, da atenção/vigilância, da aprendizagem e memória verbal, da aprendizagem e memória visual, do raciocínio e resolução de problemas, da velocidade de processamento, e da cognição social (Green & Nuechterlein, 2004; Nuechterlein et al, 2004).

Dito isto, resta-nos referir que apesar de nos parecer que o facto de fazerem parte do quadro clínico ser razão suficiente para darmos atenção aos défices cognitivos na esquizofrenia, a verdade é que é o impacto que estes demonstram ter em outras áreas de funcionamento esteve na origem do interesse que passaram a merecer por parte da comunidade científica.

## 1.3. O impacto dos défices cognitivos no funcionamento global dos doentes esquizofrénicos

Conforme acabamos de referir, uma das mais importantes razões pela qual os défices cognitivos têm merecido particular atenção nas últimas décadas prende-se, sem dúvida, com o facto de estarem associados a dificuldades encontradas em diferentes áreas do funcionamento social (Green, 1996) e, desta forma, ser-lhes atribuído um importante valor preditivo da capacidade de reabilitação social destes doentes, como confirmam estudos onde se associou o insucessos da reabilitação com a ausência de avaliação e estimulação cognitiva (Harvey & Sharma, 2002).

Em duas revisões da literatura efectuadas por Green e colaboradores (Green, 1996; Green e col., 2000), os autores concluíram que é consistente a relação existente entre as medidas de funcionamento cognitivo e resultados funcionais, sendo estes últimos três tipos: funcionamento na comunidade (social e ocupacional); capacidade para resolver problemas interpessoais e grau de sucesso nos programas de reabilitação psicossociais. Recentemente, Green, Kern & Heaton (2004), no contexto do MATRICS, fizeram uma nova revisão da literatura sobre a relação entre o funcionamento cognitivo e o funcionamento na comunidade de indivíduos com esquizofrenia. Partindo de uma amostra de 18 estudos (todos não incluídos nas revisões anteriormente referidas, pelo que só incluindo estudos publicados a partir de 1999), a relação entre défices cognitivos e funcionamento na comunidade foi novamente salientada.

Para além desta constatação, abundam na literatura referências quanto à relação dos défices cognitivos com outras áreas importantes na vivência destes doentes. Partindo de uma breve síntese da literatura sobre este assunto, de salientar que os défices cognitivos têm sido consistentemente relacionados com o funcionamento social (Liberman, Mueser, & Wallace, 1986; Spaulding, Reed, Sullivan, Richardson, & Weiler, 1999); os défices funcionais e o desemprego (Brekke, Raine, Ansel, & Lencz, 1997; Lysaker & Bell, 1995; McGurk & Meltzer, 2000; Velligan, Bow--Thomas, Mahurin, Miller, & Halgunseth, 2000); a qualidade de vida (Fujii & Wylie, 2003); a prevenção de recaída (Fenton, Blyler, & Heinssen, 1997; Jarboe & Schwartz, 1999), o estado médico e o custo económico (Knapp, 1997; Sevy & Davidson, 1995), não estando, como já foi referido, fortemente correlacionado com os sintomas.

Facilmente nos apercebemos que estas relações fazem sentido se pensarmos que para um doente com dificuldades na vigilância não será fácil adaptar-se a um mundo em que os estímulos mudam rapidamente. Da mesma forma, e já numa perspectiva de reabilitação destes doentes, se um doente apresentar dificuldades ao nível da memória, é muito provável que venha a ter dificuldades de aprendizagem num contexto de reabilitação psicossocial (por exemplo num treino de competências sociais).

Conforme já referido, apesar da relação entre défices cognitivos e o funcionamento estarem amplamente demonstradas, a verdade é que os mecanismos por trás deles não são ainda compreendidos. Certos factores chave devem agir como mediadores entre défices neurocognitivos básicos e impacto funcional, entre os quais Green (2000) sugere estarem o *potencial de aprendizagem* (Fiszdon e col., 2006) e a *cognição social* (Brekke, Kay, Lee & Green, 2005; Green e col., 2005; Palha, 2007).

Assim sendo, podemos considerar que a eventual redução dos défices cognitivos traria benefícios tanto para os doentes como para as intervenções psicossociais em que estes doentes estão integrados.

## 2. Remediação dos défices cognitivos

### 2.1. A remediação cognitiva no contexto do tratamento da esquizofrenia

Apesar dos sucessos progressivos que as diferentes respostas farmacológicas foram produzindo (desde os primeiros antipsicóticos até aos recentes antipsicóticos de 2ª geração), aliados à eficácia que as intervenções psicossociais e familiares também demonstram ter, um elevado número de doentes continua a não conseguir manter durante tempo suficiente os ganhos obtidos nestas intervenções, ou ainda a não conseguir generalizar para outros domínios que não os intervencionados, para além do significativo número de doentes que não apresenta melhorias no funcionamento global (Palha e col., 2006a).

Dada a relação encontrada entre défices cognitivos e várias áreas de funcionamento global, a remediação dos défices cognitivos surge como um possível pré-requisito para a eficácia dos programas de reabilitação psicossocial tornando-se num importante alvo de intervenção. Partindo desta constatação, a comunidade científica tem vindo a investir de forma significativa no sentido de encontrar respostas tanto a nível de intervenção farmacológica como psicológica (Palha e col., 2006a).

É neste contexto que assistimos nos últimos anos a um crescente desenvolvimento de modelos de remediação cognitiva, conforme nos dá a conhecer a revisão de Wykes & Van der Gaag (2001), e cujos resultados promissores têm sido bem apresentados nas meta-análises efectuadas por Twamley, Jeste & Bellack (2003), Krabbendam & Aleman (2003), para referir as mais recentes.

De forma muito sucinta, de salientar que diferentes modelos de remediação cognitiva têm mostrado efeitos positivos não só a nível do funcionamento cognitivo, como também a nível dos sintomas (Twamley, Jeste & Bellack, 2003), do funcionamento social (Wykes, 1999; Wykes et al., 2003; Spaulding et al., 1999; Hogarty e col., 2004), e na adesão ao trabalho (Bell, Bryson, Greig, Corcoran & Wexler, 2001).

## 2.2. Evolução

Numa primeira fase, os programas de reabilitação cognitiva utilizados com doentes esquizofrénicos foram os mesmos que se mostravam eficazes na reabilitação neuropsicológica de pacientes com dano cerebral adquirido (Green, 1993). Assim, as primeiras investigações laboratoriais com estes doentes estudavam o efeito que a manipulação de estímulos experimentais (ex. redução das exigências atencionais) produzia no desempenho de tarefas laboratoriais específicas (Spaulding e colaboradores, 1986, citado por Twamley e colaboradores, 2003).

A título de exemplo, uma das primeiras linhas de investigação laboratorial com estes doentes avaliava o desempenho destes em tarefas como o WCST (Wisconsin Card Sorting Test), mostrando que os doentes apresentavam melhorias dependendo da forma como as instruções e usos de reforços eram utilizados (Goldberg e Weinberger, 1994; Kern e Green, 1998; Kurtz, Moberg, Gur & Gur, 2001). Este tipo de estudos é importante porque oferece pistas quanto aos potenciais efeitos terapêuticos das estratégias e porque mostram que os doentes esquizofrénicos podem aprender a melhorar o seu desempenho. O que os estudos não demonstraram foi a sustentabilidade das melhorias ao longo do tempo, bem como se estas se generalizavam para outros testes ou para outras áreas de funcionamento, matéria que só começou a ser objecto de estudo no início dos anos 90 do século passado.

Por outro lado, e novamente de forma semelhante à da investigação da neuroreabilitação, também a investigação do treino cognitivo na esquizofrenia começou por obedecer a uma metodologia do tipo pré-pós que avaliava o efeito que uma determinada estratégia produzia nos resultados obtidos em testes de avaliação cognitiva. Actualmente, diferentes modelos de intervenção têm sido desenvolvidos, e o estudo da sua eficácia inclui indicadores de sucesso mais abrangentes, que envolvem aspectos ligados à psicopatologia, funcionamento social e comunitário, qualidade de vida e avaliação da relação custo/benefício dos mesmos.

### 2.3. Programas de remediação cognitiva na esquizofrenia

Dos programas de remediação cognitiva especificamente desenhados para pacientes esquizofrénicos e inicialmente "experimentados" laboratorialmente, destaca-se a Terapia Integrada da Esquizofrenia (IPT, Brenner, Hodel, Roder & Corrigan, 1992), o *"The Frontal-Executive Program – F/E"* de Delahunty e Morice (1993), o Cognitive Enhancement Therapy – CET de Hogarty e Flesher (1999a; 1999b).

Quanto ao primeiro, é um programa multimodal de orientação comportamental composto por cinco subprogramas diferentes: diferenciação cognitiva, percepção social, comunicação verbal, habilidades sociais e solução de problemas interpessoais, o qual combina estratégias comportamentais e interpessoais, assim como métodos dirigidos ao défice de processamento de informação. Embora se insira nos programas de treino de competências sociais, diferencia-se destes pelo facto de começar por trabalhar os aspectos cognitivos (módulo de "diferenciação cognitiva"), razão pela qual se torna necessário referenciá-lo.

Quanto ao programa *"The Frontal-Executive Program – F/E"*, nasceu da preocupação em conseguir compreender a melhoria do rendimento neuropsicológico que levou em 1988 os autores australianos Morice e Delahunty a realizar investigações sobre reabilitação neuropsicológica no âmbito do projecto *The Newcastle Programs* (Morice e Delahunty, 1996b).

Deste trabalho resultou o desenvolvimento de um programa específico para remediar os défices executivos, especialmente as habilidades de planificação e de flexibilidade cognitiva, que denominaram *The frontal/ executive program* (Delahunty, Morice, e Frost, 1993). Este programa divide-se em três módulos, um dedicado à planificação, outro à memória de trabalho e o outro à flexibilidade cognitiva.

A eficácia deste programa na melhoria das funções cognitivas foi referida em vários trabalhos (Delahunty et al., 1993; Delahunty e Morice, 1994, 1996; Morice e Delahunty, 1996a, 1996b), tendo os resultados sido posteriormente replicados por Wykes e col. (1999) em Inglaterra. Do trabalho conjunto das equipas de Delahunty e Wykes, surgiu a *Cognitive Remediation Therapy* (Treino de Remediação Cognitiva – TRC) (Delahunty, Reeder, Wykes, Morice, e Newton, 2002), que tem sido objecto de estudo em Portugal por Palha e colaboradores (Palha e col., 2006 a e b).

Quanto à *Cognitive Enhancement Therapy* de Hogarty e Flesher (1999a, 1999b) é um programa dirigido a pessoas com um funcionamento "superior", ou seja, doentes em ambulatório e estabilizados. O programa utiliza o treino da atenção e de estratégias de memória efectuadas em suporte informático (computador). De referir que este programa está actualmente a ser aperfeiçoado, embora seja de salientar a existência de alguns resultados positivos com a utilização da sua versão inicial (Wykes e van der Gaag, 2001).

Por último, não podemos deixar de referir que, para além destes programas especificamente desenhados para remediar os défices cognitivos na esquizofrenia, existem referências da utilização na remediação cognitiva destes doentes de programas vocacionados para outros contextos. Entre estes, destacamos o trabalho de Medalia, Revheim e Casey (2000, 2002) e Bark et al. (2003) que tem recorrido a um programa educativo de suporte informático, e Costa e Carvalho (2004) que utilizam tecnologia de Realidade Virtual.

### 2.4. Eficácia

Embora a investigação sobre a eficácia dos programas até agora desenvolvidos para remediar os défices cognitivos se encontre numa fase preliminar, os primeiros resultados são muito prometedores, tendo já sido objecto de artigos de revisão e meta-análises, conforme síntese que apresentamos na Tabela 1.

**Tabela 1 – Revisões e meta-análises sobre reabilitação cognitiva na esquizofrenia**

| FONTE | Nº DE ESTUDOS | CONCLUSÃO |
|---|---|---|
| Hayes e McGrath (2001) *The Cochrane Database of Systematic Reviews* | N = 4 | Evidência favorável mas não suficiente |
| Kurtz et al (2001) *Neuropsychology Review* vol 11, n.º 4 | N = 18 | Evidência favorável |
| Piling, Bebbington et al (2002) *Psychol Med*, n.º 32 | N = 4 | Evidência não favorável |
| Krabbendam and Aleman (2003) Psychopharmacology 169 | N = 12 | Evidência favorável |
| Twamley, Jeste, e Bellack (2003) *Schizophrenia Bulletin*, vol 29, n.º 2 | N = 17 | Evidência favorável |

As variações encontradas nestas primeiras meta-análises resultam de dificuldades relacionadas com diferença de indicadores de sucesso utilizadas nos diferentes estudos, bem como das diferentes populações a que as intervenções se dirigiam (doentes de primeiro surto ou de evolução prolongada, hospitalizados ou a viver na comunidade), o que tem sido considerado um dos aspectos a ter em conta em investigações futuras (Twamley e colaboradores, 2003; Wykes e van der Gaag, 2002; Wykes e Reeder, 2005).

No entanto, de salientar que diferentes modelos de remediação cognitiva têm mostrado efeitos positivos não só no que se refere ao funcionamento cognitivo, como também no que se refere aos sintomas (Twamley, Jeste e Bellack, 2003), ao funcionamento social (Wykes, Reeder, Corner, Williams, e Everitt, 1999, Wykes et al., 2003; Spaulding 1999; Hogarty, 2004), e à adesão ao trabalho (Bell et al., 2001).

## 3. Conclusão

Se recordarmos a relação que os défices cognitivos mostram ter no funcionamento global dos doentes bem como na eficácia de intervenções de reabilitação psicossocial, podemos considerar a remediação da função cognitiva como uma área fundamental de intervenção tanto para benefício dos doentes, como dos recursos utilizados no seu tratamento.

Na verdade, esta área de investigação tem merecido a maior atenção por parte da comunidade científica internacional, sendo objecto de contínuo estudo bem como de espaço de debate próprio (e.g. a "Annual conference in cognitive remediation in psychiatry", este ano na sua 10ª Edição). No contexto português, embora numa fase muito inicial de investigação, a verdade é que no âmbito dos estudos em curso, a TRC já começou a ser utilizado na prática clínica com doentes crónicos institucionalizados tendo apresentado resultados positivos (Palha e colaboradores, 2006a).

Existem várias questões por responder e vários desafios na utilização deste tipo de intervenção. Entre estes salientamos questões sobre o tipo de modelo a utilizar e para que tipo de perfil de défice cognitivo; aspectos ligados à identificação de variáveis mediadoras; questões metodológicas relacionadas o tipo de desenho experimental a ser utilizado nos estudos, quais medidas de avaliação da eficácia (questão aparentemente ultrapassado com a MATRICS), ou simplesmente no que se refere à forma como avaliar mudanças significativas para os doentes mesmo quando não espelhadas em termos de dados estatísticos significativos.

Podemos então concluir que, apesar do muito que ainda temos para investigar, uma nova porta se abriu para que as respostas de tratamento das pessoas com esquizofrenia consigam responder aos diferentes desafios que esta doença continua a apresentar a todos os que directa, ou indirectamente, por ela são afectados.

## Referências

BARK, N., REVHEIM, N., HUQ, F., KHALDEROV, V., GANZ, Z. W. e MEDALIA, A. (2003). The impact of cognitive remediation on psychiatric symptoms in schizophrenia. *Schizophrenia Research, 63*, 229-235.

BELL, M., BRYSON, G., GREIG, T., CORCORAN, C. e WEXLER, B.E. (2001). Neurocognitive Enhancement Therapy with work therapy. Effects on neuropsychological test performance. *Arch Gen Psychiatry, 58*, 763-768.

BREKKE, J., KAY, D.D., LEE, K.S. & GREEN, M.F. (2005). Biosocial pathways to functional outcome in schizophrenia. *Schizophrenia Research, 80*, 213-225.

BREKKE, J. S., RAINE, A., ANSEL, M., e LENCZ, T. (1997). Neuropsychological and psychophysiological correlates of psychosocial functioning in schizophrenia. *Schizophrenia Bulletin, 23*, 19-28.

BRENNER, H. D., HODEL, B., RODER, V., e CORRIGAN, P. (1992). Treatment of Cognitive Dysfunctions and Behavioral Deficits in Schizophrenia. *Schizophrenia Bulletin, 18 (1)*, 21-6.

BUCHANAN, R.W., STRAUSS, M.E., BREIER, A. (1997). Attentional Impairments in Deficit and Nondeficit Forms of Schizophrenia. *Am J Psychiatry* 1543(3): 363-370.

COSTA. R. M. E.M. e CARVALHO, L. A. V. (2004). The acceptance of virtual reality devices for cognitive rehabilitation: a report of positive results with schizophrenia. *Computer Methods and Program in Biomedicine, 73*, 173-182.

CALEV, A. (1999). Neuropsychology of Schizophrenia and related disorders. In: A. Calev, (Ed.). Assesment of Neuropsychological Functions in Psychiatric Disorders (pp. 33-66). Washington (DC): American Psychiatric Press.

DELAHUNTY, A., e MORICE, R. (1993). *A training programme for the remediation of cognitive deficits in schizophrenia.* Albury, NSW: Department of Health.

DELAHUNTY, A. e MORICE, R. (1996). Rehabilitation of frontal/executive impairments in schizophrenia. *Australian and New Zealand Journal of Psychiatry, 30*, 760-767.

DELAHUNTY, A., MORICE, R. e FROST, B. (1993). Specific cognitive flexibility rehabilitation in schizophrenia. *Psychological Medicine, 23*, 221-227.

DELAHUNTY, A., REEDER, C., WYKES, T., MORICE, R. e NEWTON, E. (2002). *Revised Cognitive Remediation Therapy Manual*. London: Institute of Psychiatry.

FRIEDMAN, J.I., HARVEY, P.D., COLEMAN, T., MORIARTY, P.J., BOWIE, C., PARRELLA, M., WHITE, L., ADLER, D. & DAVIS, K.L. (2001).Six-Year Follow-Up Study of Cognitive and Functional Status Across the Lifespan in Schizophrenia: A Comparison With Alzheimer's Disease and Normal Aging. *Am J Psychiatry*, 158, 1441–1448.

FENTON, W. S., BLYLER, C. R., e HEINSSEn, R. K. (1997). Determinants of medication compliance in schizophrenia: empirical and clinical findings. *Schizophrenia Bulletin, 23*, 637-651.

FISZDON, J. M., BRYSON, G.J., WEXLER, B. E. & BELL, M.D. (2004). Durability of cognitive remediation training in schizophrenia: performance on two memory tasks at 6-month and 12-month follow-up. *Psychiatry Research*, 125, 1-7.

FUJII, D. E., e WYLIE, A. M. (2003). Neurocognition and community outcome in schizophrenia: long-term predictive validity. *Schizophrenia Research, 59*, 219-223.

GOLDBERG, T. E., HYDE, T. M., KLEINMAN, J. E., e WEINBERGER, D. R. (1993). Course of schizophrenia: neuropsychological evidence for a static encephalopathy. *Schizophrenia Bulletin, 19 (4)*, 797-804.

GOLDBERG, T. E., e WEINBERGER, D. R. (1994). Schizophrenia, training paradigms, and the Wisconsin Card Sorting Test redux. *Schizophrenia Research 11*, 291–296.

GREEN, M. F. (1996). What Are the Functional Consequences of Neurocognitive Deficits in Schizophrenia? *American Journal of Psychiatry, 153*, 321-330.
GREEN, M. F. (1993). Cognitive Remediation in Schizophrenia: Is It Time Yet ? *American Journal of Psychiatry, 150*, 178-187.
GREEN, M. F., KERN, R.S. e HEATON, R.K. (2004). Longitudinal studies of cognition and functional outcome in schizophrenia: implications for MATRICS. *Schizophrenia Research, 72(1)*, 41-51.
GREEN, M.F. & NUECHTERLEIN, K.H. (2004). The MATRICS initiative: developing a consensus cognitive battery for clinical trials. *Schizophrenia Research*, 72, 1-3.
GREEN, M. F., KERN, R. S., ROBERTSON, M.J., SERGI, M. e KEE, K. S. (2000). Relevance of neurocognitive deficits for functional outcome in schizophrenia. In T. Sharma e P. Harvey (Eds.), *Cognition in Schizophrenia: Impairments, importance, and treatment strategies*. Oxford: Oxford University Press.
HARVEY, P.D. e KEEFE, R.S.E. (2001).Studies of Cognitive Change in Patients With Schizophrenia Following Novel Antipsychotic Treatment. *American Journal of Psychiatry, 158*, 176-184.
HARVEY, P.D. e SHARMA, T. (2002). *Understanding and Treating Cognition in Schizophrenia. A Clinician's Handbook*. London: Martin Dunitz.
HEINRICHS, R.W. e ZAKZANIS, K. (1998). Neurocognitive Deficit in Schizophrenia : A Quantitative Review of the Evidence. *Neuropsychology, 12 (3)*, 426-445.
HOFF, A.L., SVETINA, C., SHIELDS, G., STEWART, J. & DELISI, L.E. (2005).Ten year longitudinal study of neuropsychological functioning subsequent to a first episode of schizophrenia. *Schizophrenia Research*, 78, 27-34.
HOGARTY, G. e col. (2004). Cognitive Enhancement Therapy for Schizophrenia. Effects of a 2-year Randomized Trial on Cognition and Behaviour. *Archives of General Psychiatry, 61*, 866-876.
HOGARTY, G. e FLESHER, S. (1999a). Developmental Theory for a Cognitive Enhancement Therapy of Schizophrenia. *Schizophrenia Bulletin, 25 (4)*, 677-692.
HOGARTY, G. e FLESHER, S. (1999b). Practice Principles of Cognitive Enhancement Therapy for Schizophrenia. *Schizophrenia Bulletin, 25 (4)*, 693-708.
HYMAN, SE e FENTON, WS (2003). Medicine. What are the right targets for psychopharmacology? *Science*, 299 (5605): 350-1.
JARBOE, K. S., e SCHWARTZ, S. K. (1999). The relationship between medication noncompliance and cognitive function in patients with schizophrenia. *American Journal of Psychiatry Nurses Association* 5, 52-58.
KERN, R. S. e GREEN, M. F. (1998). Cognitive remediation in schizophrenia. In K. T. Mueser, e N. Tarrier, (Eds.), *Handbook of Social Functioning in Schizophrenia* (pp. 342-354). Boston: Allyn Bacon.

KNAPP, M. (1997). Costs of schizophrenia. *British Journal of Psychiatry, 171*, 509-518.

KRABBENDAM, L. e ALEMAN, A. (2003). Cognitive Rehabilitation in schizophrenia: a quantitative analysis of controlled studies. *Psychopharmacology, 169*, 376-382.

KURTZ, M.M., MOBERG, P. J., GUR, R. C. e GUR, R. E. (2001). Approaches to Cognitive Remediation of Neuropsychological Deficits in Schizophrenia: A Review and Meta-Analysis. *Neuropsychology Review, Vol. 11 (4)*, 197-210.

LIBERMAN, R. P., MUESER, K. T., e WALLACE, C. J. (1986). Social skills training for schizophrenic individuals at risk for relapse. *American Journal of Psychiatry, 143 (4)*, 523-526.

LYSAKER, P., e BELL, M. (1995). Work rehabilitation and improvements in insight in schizophrenia. *Journal of Nervous and Mental Disease, 183*, 103-106.

MARQUES-TEIXEIRA, J. (2005). *Manual de Avaliação da Disfunção Cognitiva na Esquizofrenia*. Linda-a-Velha: Vale e Vale Editores, Lda.

MARQUES-TEIXEIRA, J. (2003). *Défice cognitivo na esquizofrenia. Dos consensos às incertezas*. Linda-a-Velha: Vale e Vale Editores, Lda.

MCGURK, S. R., e MELTZER, H. Y. (2000). The role of cognition in vocational functioning in schizophrenia. *Schizophrenia Research, 45*, 175-184.

MEDALIA, A., REVHEIM, N. e CASEY, M. (2002). Remediation of problem-solving skills in schizophrenia: evidence of a persistent effect. *Schizophrenia Research, 57 (2-3)*, 165-171.

MEDALIA, A., REVHEIM, N. e CASEY, M. (2000). Remediation of memory disorders in schizophrenia. *Psychological Medicine, 30*, 1451-1459.

MORICE, R. e DELAHUNTY, A. (1996a). Frontal/Executive Impairments in schizophrenia. *Schizophreniaa Bulletin, 22 (1)*, 125-137.

MORICE, R. e DELAHUNTY, A. (1996b). Treatment Strategies for the Remediation of Neurocognitive Dysfunction in Schizophrenia. In C. Pantelis, H. E. Nelson e T.R. E. Barnes (Ed.), *Schizophrenia: A Neuropsychological Perspective* (Chapter 21). London: John Wiley e Sons, Ltd.

NUECHTERLEIN, K. H., DAWSON, M. E., & VENTURA, J. (1991). Testing vulnerability models: Stability of potential vulnerability indicators across clinical state. In H Hafner & W.F. Gattaz (Eds.), *Search for the Causes of Schizophrenia* (177-191). Berlin: Springer-Verlag.

NUECHTERLEIN, K., BARCHC, D., GOLDD, J., GOLDBERGE, T., GREENA, M., & HEATONG, R. (2004). Identification of separable cognitive factors in schizophrenia. *Schizophrenia Research 72*, 29-39.

PALHA, F. (2007). Social Cognition and Theoretical Framework. Inserido no Symposium "Social Cognition in Schizophrenia: The key for successful CBT Interventions. 15th European Congress of Psychiatry. Madrid, de 17 a 21 de Março.

PALHA, F., REBELO, C., CASTRO-HENRIQUES, M. & MARQUES-TEIXEIRA, J. (2006b). Reabilitação dos défices cognitivos na Esquizofrenia. A propósito da primeira aplicação da versão portuguesa da "Cognitive Remediation Therapy". *Psiquiatria Clínica*, Vol. 27 (3), 253-264.

PALHA, F. & MARQUES-TEIXEIRA, J. (2006a). Reabilitação dos défices cognitivos na Esquizofrenia. A propósito da versão portuguesa da "Cognitive Remediation Therapy". *Psicologia. Teoria, investigação e prática*, vol. 11, n.º 1, 27-43.

RUND, B.R. (1998). A review of longitudinal studies of cognitive functions in schizophrenia patients. *Schizophrenia Bulletin, 24 (3)*, 425-35.

SAYKIN, A.J., GUR, R.C., GUR, R.E., MOZLEY, P.D., MOZLEY, L.H., RESNICK, S.M., KESTER, D.B. e STAFINIAK, P. (1991). Neuropsychological function in schizophrenia. Selective impairment in memory and learning. *Archives of General Psychiatry, 48 (7)*, 618-24.

SEVY S, e DAVIDSON M. (1995). The cost of cognitive impairment in schizophrenia. *Schizophrenia Research, 17 (1)*, 1-3.

SHARMA, T. & ANTANOVA, L. (2003). Cognitive function in schizophrenia. Deficits, functional consequences, and future treatment. *Psychiatric Clinics of North America*, 26, 25-40.

SHARMA, T. & HARVEY, P. D. (2000). Cognitive enhancement as a treatment strategy in schizophrenia. In T. Sharma & P. Harvey (Eds), "Cognition in Schizophrenia: Impairments, importance, and treatment strategies". Oxford: Oxford University Press.

SPAULDING, W. D., REED, D. SULLIVAN, M., RICHARDSON, C., e WEILER, M. (1999). Effects of cognitive treatment in psychiatric rehabilitation. *Schizophrenia Bulletin*, 25, 657-676.

TWAMLEY, E.W., JESTE, D. V. e BELLACK, A.S. (2003). A Review of Cognitive Training in Schizophrenia. *Schizophrenia Bulletin, 29(2)*, 359-382.

VELLIGAN, D. I., BOW-THOMAS, C., MAHURIN, R. K., MILLER, A., e HALGUNSETH, L. (2000). Do specific neurocognitive deficits predict specific domains of community function in schizophrenia? *Journal of Nervous and Mental Disease, 188 (8)*, 518-524.

WYKES, T. e REEDER, C, (2005). *Cognitive Remediation Therapy for Schizophrenia. Theory e Practice*. London: Routledge.

WYKES, T., REEDER, C., CORNER, J., WILLIAMS, C., EVERITT, B. (1999). The effects of neurocognitive remediation on executive processing in patients with schizophrenia. *Schizophrenia Bulletin*, 25, 291-307.

WYKES, T., REEDER, C., WILLIAMS, C., CORNER, J., RICE, C., e EVERITT, B. (2003). Are the effects of cognitive remediation therapy (CRT) durable? Results from an exploratory trial in schizophrenia. *Schizophrenia Research, 61*, 163-174.

WYKES, T. e VAN DER GAAG, M. (2001). Is it time to develop a new cognitive therapy for psychosis – Cognitive remediation therapy (CRT)? *Clinical Psychology Review, 21 (8)*, 1227-1256.

WYKES, T., REEDER, C., CORNER, J., WILLIAMS, C., EVERITT, B. (1999). The effects of neurocognitive remediation on executive processing in patients with schizophrenia. *Schizophrenia Bulletin, 25*, 291-307.

# A VISÃO E VOZ DAS FAMÍLIAS E DOS CUIDADORES INFORMAIS NA EUROPA. PORQUÊ?

INGER NILSSON[1]

Obrigada pelo convite para hoje falar em Coimbra no "I° Congresso sobre Reabilitação e Inclusão na Saúde Mental – O Papel das Famílias e das Redes de Apoio Social", promovido pela Faculdade de Psicologia e Ciências da Educação e pela VIME-Viver melhor IPSS.

Durante cerca de meia hora gostaria de falar acerca de EUFAMI, que é a voz unida das famílias na Europa, de como e onde a EUFAMI trabalha para influenciar organizações nacionais e governos europeus, com o fim de obtenção de melhorias nas políticas de saúde mental e na legislação. Também quero dizer-vos porque é importante ter a nossa voz ouvida e o que faz com que a EUFAMI seja tão influente.

Gostaria de, sob forma breve, descrever o que é a EUFAMI, a "Federação Europeia das Associações de Famílias de Pessoas com Doença Mental". Desde há muitos anos a EUFAMI tem vindo a fazer campanha para que os direitos e a voz das famílias cuidadoras de pessoas com doença mental seja ouvida. Foi fundada em 1992, depois de a semente ter sido lançada à terra em De Haan, Bélgica, em 1990.

Representamos 50 organizações de famílias, de carácter nacional e regional, de 28 países. Temos, por isso, legitimidade para reclamar a representação da voz das famílias na Europa.

Um princípio fundador da EUFAMI é que os direitos das famílias como um grupo devem ser definidos e reconhecidos. Quando os serviços

---

[1] Presidente da EUFAMI. European Federation of Associations of Families of People with Mental Illness. (Tradução da FNAFSAM de original em língua inglesa, por M. C. Hipólito).

falham, espera-se que as famílias preencham as lacunas. As famílias, como os seus membros que têm a vivência pessoal da doença, são peritos pela sua experiência. Decorre daí o seu direito a ter a sua voz escutada, ser consultadas sobre legislação e outros instrumentos para estabelecer políticas e definição de padrões, trabalhar em parceria com os gestores dos serviços de saúde e outros profissionais, para garantir que boas políticas se traduzam em boas práticas.

Vou falar-vos acerca de três áreas onde trabalhamos para influenciar organizações de carácter nacional e governamentais europeias. Tais áreas são:

a) influenciar a política governamental relativamente à doença/saúde mental;
b) trabalhar em conjunto, a todos os níveis, dado que cada contributo individual pode fazer a diferença;
c) trabalhar com os profissionais, os médicos e os que proporcionam cuidados sociais, por exemplo.

Permitam-me começar por como nós tentamos influenciar as políticas governamentais.

É um ponto crítico que a voz e as preocupações de famílias e outros prestadores informais de cuidados de pessoas que sofrem de doença mental seja conhecida dos legisladores que nesta área desenham e propõem nova e actualizada legislação. Não somente devem estas preocupações ser ouvidas, devem sê-lo no estádio mais inicial possível do processo. A menos que haja um bom contacto com as devidas autoridades, é muito provável que estas preocupações sejam subestimadas e que, portanto, a consequente legislação não seja tão boa como poderia ser.

Ainda que fosse apenas por este tipo de actividade, as organizações que actuam em nome de famílias, cuidadores informais e pessoas com doença mental carecem de se organizar bem e de se envolverem, a título de mútua cooperação, com os relevantes corpos e autoridades. Actuar em parceria é o melhor modo de trabalhar.

Comprometendo-se cedo numa postura cooperativa e positiva, as autoridades começarão a compreender e a apreciar que, longe de ser consideradas como adversárias, as associações com o carácter de voluntariado podem trazer à mesa de trabalho um grande volume de experiência, senso comum e conhecimento. Elas depressa verificarão que as suas próprias tarefas se tornarão muito mais fáceis e que qualquer legislação resultante de tal envolvimento será, pela própria natureza do processo participativo, muito mais justa, igualitária e de melhor qualidade. Tudo isto se resume à própria natureza humana. As pessoas que definem as políticas carecem ser valorizadas. Isto é o que significa envolvimento positivo desde cedo.

Quero mencionar dois exemplos deste tipo de trabalho.

Em primeiro lugar, a Conferência Internacional da OMS que teve lugar em Helsínquia, em Janeiro de 2005. A EUFAMI foi um activo representante nesta Conferência, porque nós já tínhamos uma boa relação com a OMS e outras organizações. Em resultado disso, as pessoas com doença mental e membros familiares foram também incluídos nas delegações governamentais da Conferencia. Foi em resultado do contributo e respostas originárias da EUFAMI que referências às famílias e a cuidadores informais foram também incluídas na Declaração Ministerial. Pode interessar-vos conhecer que emitimos recentemente a Declaração de Torun, no nosso IV Congresso, reunido em meados de Setembro último, na Polónia, e que, como parte da declaração, nós estamos outra vez a apelar a todos os governos nacionais da Europa para a plena implementação do plano de acção de Helsínquia.

O segundo exemplo implica o *Livro Verde*, da Comissão das Comunidades Europeias, que é agora assunto de debate. Na segunda metade de 2005, como todos sabemos, um grupo de trabalho da UE lançou o seu *Livro Verde* sobre a Saúde Mental na Europa. A EUFAMI participou activamente em todas as sessões que resultaram neste *Livro Verde,* que, saliente-se, é o primeiro livro desta natureza publicado pela União Europeia sobre saúde mental.

Houve então um período de seis meses de consulta para revisão e recolha de contributos. Usando os seus recursos, a EUFAMI envolveu todos os seus membros nesta consulta e, em Maio de 2006, submeteu um documento de consenso à Comissão. Uma parte integrante da resposta da EUFAMI foi a nossa posição oficial expressa em declarações sobre "Necessidade dos cuidadores familiares", "Medicação", "Tratamento e Cuidados", "Reabilitação e recovery"[2].

---

[2] Versão portuguesa destas declarações foi já divulgada em Portugal pela FNAFSAM, em tradução, anotada, de Mário C. Hipólito, em duas publicações (Cf. *Saúde Mental: Antologia de textos para Utentes e Familiares,* Col. FNAFSAM n.º 3, Lisboa, 2007, pp. 121-137, e a brochura *Saúde Mental; Posições da EUFAMI sobre Necessidades*

Agora esperamos para ver o que será incluído no anúncio da Comissão. Tínhamos esperança que tivesse sido divulgado em Maio passado. Esperamos agora que seja emitido por estes dias. Uma coisa é certa: não importa o que for publicado pela UE, a EUFAMI e os seus membros continuarão a manter pressão sobre a Comissão da União Europeia e Deputados do Parlamento Europeu para garantir que a saúde mental seja uma prioridade-chave na Europa. Agora que as coisas se começam a mover devemos continuar a permanecer activos. As expectativas das famílias e dos cuidadores informais tornaram-se elevadas após a Conferência de Helsínquia, a subsequente Declaração e desde a há muito esperada estratégia da UE para a saúde mental na Europa. Agora esperamos acção.

Devemos também manter pressão sobre a UE para cumprir a sua obrigação social de apoiar com fundos as ONGs, tais como a EUFAMI, algo que infelizmente falta neste momento. Continuaremos a estar envolvidos e continuaremos a informar os nossos membros acerca do que ocorrer. A EUFAMI e os seus membros continuarão a ter uma palavra importante a dizer na acção de acompanhamento e a influenciar a politica final que a UE deve ter em consideração.

O meu segundo tema é acerca do trabalho em parceria, a todos os níveis. A UE está a tornar-se mais unida no plano legislativo e a tornar-se muito mais importante. Ainda que ela não tenha qualquer competência na prestação de serviços de saúde – mas somente na política de saúde pública – está a tornar-se muito mais influente. Por isso há cada vez mais a necessidade de as associações operarem neste nível elevado. Isto, claramente, não significa que a actividade nacional adquira um nível menor de importância ou cesse completamente.

As organizações de carácter nacional/regional não podem actuar a nível europeu de modo efectivo. Isto é um papel que é posto em execução pelas organizações de cúpula que filiam bases, tais como a EUFAMI. Esta procura ter os recursos, o pessoal e o tempo para interagir com as organizações-membros, de âmbito nacional/regional, para reunir uma informação adequada e dados, de modo a ser capaz de apresentar uma mensagem unida e compósita. Pertencer a uma organização europeia é

---

*dos cuidadores familiares, Medicamentos, Tratamento e cuidados, Reabilitação e "recovery" – Federação Nacional das Associações de Famílias Pró-Saúde Mental"*, Col. FNAFSAM n.º 4, Lisboa, 2007, pp. 11-27).

uma possibilidade de aumentar da força do trabalho desta. Permitam-me, mas uma vez, apresentar dois exemplos.

O primeiro exemplo desta cooperação é a adopção de uma comum abordagem de formação.

Com fundos da UE (Programa Leonardo) a EUFAMI foi bem sucedida na definição de uma base de trabalho levado a efeito em vários países europeus para desenvolver programas destinados a pessoas com experiência pessoal de doença mental, a famílias / cuidadores informais de cuidados e a profissionais, o que pode ser usado por toda a Europa para melhorar as vidas das pessoas. Trata-se dos programas Prospect. Indubitavelmente, se não houvesse cooperação e a existência da EUFAMI, este inovador projecto de formação nunca teria tido lugar. É um típico exemplo de como a cooperação pode produzir um sucesso alargado. Como resultado de todo esse projecto de cooperação, há agora acessível a qualquer organização local um recurso de formação de nível elevado. É somente através de associações trabalhando intimamente umas com as outras que se consegue, com comuns objectivos estruturados, obter um projecto final bem sucedido.

O segundo exemplo é a campanha anti estigma e discriminação, denominada "Estigma Zero." Permitam-me referir-vos de forma breve alguns exemplos do que os nossos membros têm estado a fazer em relação ao estigma. Doze países tomaram parte em campanhas durante os últimos dois anos e tais campanhas foram levadas a efeito sob o título "Estigma Zero". Visavam elevar a consciencialização acerca de problemas como estigma, discriminação e tentativa de pôr fim a preconceitos, ignorância e medo no que se refere à doença mental.

Um postal dedicado a "Estigma Zero" foi produzido em todas as línguas locais e foi distribuído nos vários países a diferentes grupos alvo. Na Holanda a nossa associação-membro distribuiu 40.000 postais com a etiqueta "O rótulo que ninguém quer usar". Os nossos membros em Malta imprimiram uma colecção de livros com a finalidade de educar crianças de baixa idade acerca da doença mental, o que foi apoiado pela esposa do Primeiro Ministro. Em Espanha, FEAFES produziu material escrito com logótipo de "Estigma Zero". A borracha de apagar foi usada como símbolo para varrer o estigma.

Também, em resultado deste projecto, existe agora uma fonte importante de material que pode ser utilizado por muito outros dos nossos membros. É um muito bom exemplo de onde a cooperação pode produzir benefícios para muitos outros, como é caso de Prospect.

O meu terceiro tema é o trabalho com profissionais, os médicos e os agentes que proporcionam cuidados sociais. Como parte da sua formação, os profissionais compreendem a sua principal responsabilidade para com os pacientes ou utentes. Mas eles têm mais dificuldade legal e prática na relação e comunicação com os membros de uma família. Assim, é importante começar por quebrar barreiras com os profissionais que prestam cuidados. Isto pode ser atingido apenas através de uma frente unida de associações, comprometidas num espírito de positividade e cooperação com os relevantes corpos profissionais representativos. A maioria dos profissionais em breve verificará:

a) Que há mais a aprender a partir de outro ângulo e ponto de vista;
b) Que o apoio da família é necessário para o paciente ou utente;
c) Que as próprias famílias podem sofrer de efeitos colaterais pelo facto de prestarem cuidados;
d) Que do número e unidade decorrem força para fazer mudanças políticas e aumentar os recursos disponíveis.

A unidade não impede o exercício de crítica. Se nós podemos concordar com os profissionais nos serviços que eles querem prestar, então talvez nós possamos ajudá-los pela crítica aos serviços que eles agora estão a proporcionar. O nosso criticismo não visa os profissionais em si mesmos mas o modo como as suas mãos estão atadas pela falta de recursos. Mas se nós criticarmos os serviços sem antes havermos estabelecido terreno comum com os profissionais de tais serviços, então nós estaremos a reforçar barreiras, não a derrubá-las.

Uma frente unida é sempre a melhor abordagem. Quanto mais elevado for o número dos que estão representados tanto mais altas e fortes serão as mensagens que carecem de ser apresentadas em nome das famílias e prestadores informais.

A EUFAMI pode proporcionar exemplos de reforço através de trabalho conjunto, quer a nível individual quer a nível de organizações. Como exemplo, pode citar-se, na Áustria, o modelo de "triálogo", um modelo triplo de co-participação, envolvendo utentes, familiares e profissionais. Está a ser usado de modo flexível para discutir problemas específicos de carácter individual, de utentes dos serviços e familiares prestadores de cuidados.

Em conclusão, permitam-me que acentue que boas práticas são baseadas em bom conhecimento. Enquanto há diminuta oportunidade

para associações locais poderem empreender investigação comparada, a EUFAMI tem capacidade para encomendar ou empreender investigação de boa qualidade. Bons exemplos de áreas em que a EUFAMI se envolveu com sucesso em investigação são:
   a) "Parceiros silenciosos"(*Silent Partners*), a experiência de membros familiares na Europa;
   b) "Quebrando o Silêncio"(*Breaking the Silence*), o que as famílias precisam quando uma severa doença mental é inicialmente diagnosticada;
   c) Preocupações das famílias acerca da legislação nacional na Europa.

Disse anteriormente que os membros familiares têm o direito de ser envolvidos nos problemas da saúde mental, influenciando quer as políticas quer a prestação de serviços. Não há contradição entre esse direito e os direitos das próprias pessoas com doença mental. Trabalhando em conjunto podemos reforçar os direitos uns dos outros e reforçar o direito dos profissionais a prestar os melhores cuidados e garantir o melhor resultado possível.

As pessoas com doença mental, as famílias, os cuidadores informais e os profissionais são mais fortes trabalhando em conjunto para influenciar o nosso futuro.

Obrigada pela vossa atenção.

# A FEDERAÇÃO NACIONAL DAS ASSOCIAÇÕES DE FAMÍLIAS PRÓ-SAÚDE MENTAL (FNAFSAM)

MÁRIO C. HIPÓLITO[*]

## 1. O contexto da fundação da FNAFSAM

A FNAFSAM surgiu no contexto da realidade da saúde mental do país que, embora tenha os seus começos antes da década de 90 do século passado, teve nos finais de tal década a definição do seu quadro legal[1], na sequência de recomendações de organismos internacionais, como a OMS.

Fundamentalmente, trata-se de um contexto dominado pelas grandes linhas da desinstitucionalização e da saúde mental comunitária, decorrente de muito diversos contributos (os progressos da farmacologia, a crítica à hospitalização de tendência asilar e custodial, o movimento dos direitos humanos, a importância da reabilitação psicossocial, a consagração no discurso teórico desta de alguns conceitos de extraordinário alcance funcional (como "empowerment", "advocacy" e "recovery"), o objectivo da plena reinserção social, a chamada das famílias a desempenhar o papel de prestadoras informais de cuidados, etc, etc).

É neste vasto complexo e mercê desta chamada que o fenómeno associativo de famílias (q. d., utentes, familiares/amigos) veio a adquirir especial significado. Os conceitos de participação, desta em parceria com os profissionais, das famílias como entidades dotadas de competência em resultado da sua experiência de cuidadoras, tornaram-se internacionalmente consagrados e o surgimento de associações entre nós, a partir dos finais da década de 80, é expressão desse movimento inovador.

---

[*] Presidente da Direcção de FNAFSAM.

Tal desenvolvimento originou, naturalmente, que, à semelhança do que se verificara antes em outros países, mais avançados no processo de modernização das estruturas da saúde mental, também entre nós surgisse a ideia de uma federação, desempenhando, em termos gerais, o papel que o objecto social da FNAFSAM condensa e consagra no art. 2.º dos seus estatutos e que os dois artigos imediatos explicitam. Realce-se que a EUFAMI foi fundada em 1992.

Foi como co-fundador e presidente da Direcção da AFAUCST, fundada em Dez. de 1995, que, um pouco antes do fim da primeira metade de 1998, nos empenhámos no grave problema da comparticipação estatal dos psicofármacos e nele envolvemos o país associativo, e não só este (1998-9). A lição dessa experiência[2] sensibilizou-nos, cada vez mais, desde meados daquele ano, para considerar seriamente a necessidade e vantagem de o país associativo se organizar em torno de uma solução terciária, que, desde o começo, considerámos que só teria sentido se nascida a partir das suas bases naturais. Tornara-se claro que as famílias das pessoas com formas de doença mental severa e persistente tinham potencial de intervenção cívica, desde que se soubessem organizar para o objectivar com qualidade e eficácia.

Dentro da ideia geral da adopção pelas famílias de uma cultura próactiva, que desde há anos vínhamos de forma sistemática defendendo, começámos também então a bater-nos pelo projecto de uma federação. A primeira vez em que, embora de forma breve mas clara, advogámos publicamente o assunto perante audiência significativa foi em 26 de Nov.

---

[1] Despacho Conjunto n.º 407/98 (de 18/06, dos Ministérios da Saúde e da Solidariedade e Segurança Social), Lei de Saúde Mental (Lei n.º 36/98, de 18/07) e Dec.-Lei 35/99 (de 5/02), nomeadamente.

[2] Cf. M. C. Hipólito,"Petição colectiva à Assembelia da República. Pelo fim da discriminação dos doentes mentais na comparticipação estatal dos medicamentos", *Revista de Psiquiatria*, Hospital Júlio de Matos, vol. XII, n.º 1, Jan./Abril, Lisboa, 1999, Separata, pp. 1-12. O começo da reparação da situação, garantido ao movimento associativo em 16 de Set. de 1999, foi levado a efeito pelo Ministério da Saúde através da Portaria n.º 982/ 99, de 30 de Out. (*DR*, I Série B, n.º 254, pp.7410-1). Este diploma estabeleceu a comparticipação pelo "escalão A" dos neurolépticos simples para administração oral e intramuscular e a do "escalão B" para os antidepressivos simples administrados pelas mesmas vias, desde que a prescrição de uns e de outros fosse feita por médico psiquiatra ou neurologista e com a declaração expressa na receita de doente abrangido pela portaria. A reparação plena só veio a consumar-se mais tarde, com a eliminação da restrição relativa à especialidade profissional do prescritor.

de 1999, em Lisboa, a propósito do tema "Associações de familiares e utentes como grupos de pressão."[3] A partir daí multiplicaram-se as nossas intervenções públicas sobre o tema, no Continente e mesmo nos Açores.[4]

Em relação a 2000 há que referir também uma outra forma de envolvimento, em grupo de trabalho a que aderimos, mas cuja acção não veio a ter a devida sequência. [5]

---

[3] A intervenção ocorreu em 26 de Nov. de 1999, por convite, inserida em "Programa de Formação em Reabilitação Psicossocial", promovido pela Direcção Geral da Saúde e Hospital Júlio de Matos, ligada a Iniciativa Comunitária Emprego Eixo Horizon, 1999--2000. Teve lugar no Hotel Barcelona. Na sequência de uma perspectiva optimista e voluntarista quanto às associações, afirmámos: *"Afigura-se-nos ainda francamente desejável que o movimento associativo se difunda pelo país e que, oportunamente, possa mesmo dar origem a uma união ou federação de associações. Não é indiferente que as associações que aqui se trataram conquistem, por tal via, o estatuto de parceiro social".*

[4] No Continente a intervenção mais elaborada que cronologicamente se seguiu teve lugar em Barcelos, em 27 / Nov. 2000, no decurso do 1º Simpósio de Saúde Mental da Casa de Saúde de S. João de Deus, em painel dedicado a "Utentes e famílias num cenário de mudança". Transcrevem-se algumas passagens mais significativas. *"A doutrina dos textos que abordámos lança um verdadeiro desafio às famílias. Vimos que as associações organicamente representadas podem obter o estatuto de parceiro social. Creio ser essencial que se não desperdice tal possibilidade. Não se trata apenas de conquistar o poder de reivindicar o cumprimento do que está legislado, mas que não tem tradução na vida real. Há que intervir na proposta e definição de políticas, o que a Lei de Saúde Mental em vigor de algum modo torna possível... Afigura-se-me também essencial que o movimento associativo se venha a objectivar numa solução com as características de uma federação. Esta, <u>nascida a partir de um movimento de bases</u>, poderá ser um instrumento muito válido para fomentar o movimento associativo do país, para pôr as associações de carácter local em contacto mútuo, dialogar com o poder político em representação do país, representar o país em instâncias internacionais e quebrar o isolamento que actualmente se vive, com a dificuldade de saber-se o que se passa no mundo das famílias de doentes mentais de outras latitudes".*

[5] Tivemos casual conhecimento da iniciativa, já depois da primeira (ou primeiras?) reunião, ligada essencialmente a familiares da AEIPS*. Aderimos espontaneamente e colaborámos empenhadamente e com regularidade em reuniões, a partir de começos de Fevereiro. Contribuímos para a clarificação do projecto a implementar, nomeadamente quanto à sua filosofia de base e através de proposta de um programa calendarizado de trabalhos que devia conduzir a uma aprovação final de estatutos, ou mesmo a escritura de constituição, no Dia Mundial da Saúde Mental de tal ano. A partir de fins de Julho o grupo deixou, contudo, de estar operacional. Em artigo publicado no semanário *Expresso*, de 30 de Nov. de 2002, p. 26 ("Dar voz às famílias de doentes mentais") referimos o contributo da AEIPS, através da Conferência Internacional realizada entre 25-27 de Outubro de 1999, "Novos Desafios na Reabilitação de Pessoas com Doença Mental", para

## 2. O processo e a cronologia de fundação

A escritura de constituição da FNAFSAM teve lugar em 3 de Set. de 2002.[6] Importa salientar que o processo próximo que a precedeu foi perfeitamente regular: público, democrático, transparente, sem o mínimo traço de secretismo ou clandestinidade .

Nesse processo há que destacar dois eventos públicos, significativos. Foram o "Fórum de Famílias", em 17 de Nov. de 2001, promovido pela AMRP/RP, no Hospital Miguel Bombarda[7], e o encontro nacional de reabilitação que se lhe seguiu, cerca de quatro meses depois, de que o Fórum foi um evento preparatório[8].

Um terceiro momento significativo teve lugar a 19 de Maio de 2002, em Lisboa, este já da iniciativa de representantes das associações AFAUCST e AASPS, respectivamente Mário C. Hipólito e Lisette Canas, para o qual foram convidadas todas as associações do país então conhecidas e que, efectivamente, veio a registar participação, bem representativa, de associações sedeadas do Minho ao Algarve. Os tópicos mais significativos deste encontro foram: a) a apresentação, por aqueles repre-

---

a ideia de "uma organização nacional de famílias de pessoas com doença mental" *(sic)*. Não estivemos presente na conferência. Quando da publicação das respectivas Actas, cujo volume não cita data de edição mas que passou a estar disponível em Março de 2002, pudemos ajuizar da importância nela atribuída a tal organização. Um eco dessa importância pode encontrar-se em boletim da Associação (cf. *Comunidade,* n.º 3, Dez. 2002, o Editorial "As Famílias na Defesa das Pessoas com Doença Mental" por J. H. Ornelas, pp. 1 e 6).

[6] Cf. *DR* n.º 230, de 04.10. 02, Supl., III Série, p. 21 402-(23), com "Rectificação" em *DR* n.º 259, de 09.11. 02, III Série, p. 24 200.

[7] Cf. Nota-síntese de pontos discutidos no Fórum, divulgada pela AMRP/RP. As "recomendações" finais referem *"Criação de uma Associação/União/Federação" e "Apoio da AMRP/RP para a concretização"(sic)*.

[8] Cf. Folheto do programa de "III Encontro Nacional de Reabilitação Psicossocial", *Dar voz aos utentes e famílias*, 22 de Março de 2002, Universidade Moderna. Na sessão plenária de encerramento foi apresentada, por nossa iniciativa, proposta, votada e aprovada, da fundação de uma estrutura terciária, de designação a clarificar ("união/federação de associações"). A proposta surgiu naturalmente, em resultado da discussão que havia tido lugar em grupo de trabalho alargado, que reunira o antes programado para as salas 1 ("Famílias e utentes") e 4 ("Advocacia") do Encontro. Cf., para o teor integral da proposta, o impresso editado pela AMRP/RP (*Recomendações. Grupo de Trabalho Familiares e Utentes*) e ainda, em *Reabilitação Psicossocial Hoje* (Boletim da AMRPS/RP), n.º 2, Março/de 2004, nota breve de Edite Ribeiro,"A minha opinião", pp. 3-4.

sentantes, de uma proposta de estatutos, como mero documento de trabalho, que deveria ter lugar a partir daí no âmbito de cada associação; b) a opção, votada por unanimidade, da solução "federação". Na fixação da versão estatutária final vieram a ter intervenção as associações que quiseram colaborar.

Em toda esta fase do processo que teve o seu remate na escritura é de destacar o apoio decisivo da Direcção da AMRP/RP, nomeadamente do seu Presidente, Prof. Doutor J. G. Sampaio Faria, então também ligado à Direcção do Hospital Miguel Bombarda. É, indiscutivelmente, credor da maior gratidão e elevado apreço pelo que o seu apoio, extemamente generoso, esclarecido e eficaz, significou. A AMRP/RP foi o parceiro credível de que carecíamos para que o processo pudesse avançar com segurança. A Comissão Intaladora da FNAFSAM veio, naturalmente, a integrar um membro da Direcção da AMRP/RP, a Dr.ª Edite M. Ribeiro, uma das representantes de famílias em tal Direcção. A primeira eleição de corpos sociais teve lugar em 26 de Fevereiro de 2005.[9]

## 3. O que é a FNAFSAM

A FNAFSAM é, essencialmente, um projecto de organização em unidade do movimernto associativo nacional que congrega famílias de pessoas afectadas por formas severas e persistentes de doença mental.

Temos a profunda convição que tal projecto corresponde a uma efectiva necessidade de tais famílias e do próprio país. Há duas razões fundamentais para que assim pensemos: uma decorre do que caracteriza esta área do associativismo nacional; outra decorre do facto de a existência de associações só por si não ser suficiente para que se possam retirar

---

9 No mesmo dia teve lugar assembleia que votou alterações estatutárias no sentido de a FNAFSAM não adquirir o estatuto de IPSS*. Curiosamente, este problema – IPSS ou não IPSS – começou por ser-nos suscitado no começo de contactos, bem sucedidos, que decorreram entre finais de Set. de 2002 e Junho de 2003, visando garantir a unidade do movimento federativo do país. Os argumentos que então se nos depararam eram de extrema debilidade e de interesse puramente oportunístico. Posteriormente, tornou-se clara a vantagem da opção a tomar. Dada a impossibilidade legal de uma IPSS poder filiar organizações não registadas como IPSSs, considerou-se que era do interesse nacional do projecto que este tivesse capacidade legal de maior abrangência que o universo estrito das IPSSs.

todas as vantagens das virtualidades do fenómeno associativo. De facto, "não basta haver associações".

É nossa visão que o fenómeno associativo que está em causa se caracteriza, na realidade, por grande debilidade. Mas ele encerra também, ao que cremos firmemente, amplas possibilidades de robustecimento. É nesta dialética bipolar que a existência da FNAFSAM aquire significado funcional.

Não é só pelo relativo pequeno número de associações existentes, as graves assimetrias da sua distribuição no espaço nacional e a qualidade das próprias associações (o défice de participação dos familiares na vida das associações, as limitações das respostas que estas podem proporcionar, a efectiva inserção das associações nas comunidades locais, a carência de meios que podem afectar as associações, a carência de redes sociais complementares, etc). Também a relação entre as associações, no sentido da formação de uma verdadeira "comunidade associativa nacional", e a relação entre essa desejável comunidade e grandes instâncias, oficiais e particulares, nacionais e outras, está em causa.

É preciso, por um lado, dinamizar o aparecimento de novas associações, muitas novas associações, de âmbito local ou regional, alargando a outras famílias, e não apenas a algumas de meios privilegiados, a possibilidade da satisfação de necessidades que as famílias só por si não podem satisfazer. É preciso, depois, unir esforços de todas as associações instaladas no terreno, cooperar para uma intervenção conjunta de qualidade, resultante do diálogo prévio das bases, e assegurar uma devida representação das associações em instâncias adequadas, onde devem fazer ouvir a sua voz, de forma autónoma, independente e responsável, numa lógica participativa de plena parceria, sem qualquer tipo de tutela.

Esta última intervenção, subordinada a um princípio de unidade e de representação orgânica, faz pleno sentido. A FNAFSAM é, assim, genuinamente, uma resposta *de* famílias, construída *por* famílias, *para* famílias, um projecto para o nosso tempo, tendo em atenção realidades actuais do movimento internacional de famílias de pessoas com doença mental e o conjunto de circunstâncias que nessa área da saúde se vive no país.

O objecto social da FNAFSAM está formulado no art. 2.º dos seus estatutos:

*"Os objectivos essenciais da FNAFSAM são a promoção da união e da cooperação entre as associações de famílias de pessoas com doença mental e a sua representação genérica, a nível nacional e*

*internacional, para apoio, defesa e promoção de direitos, interesses e qualidade de vida de tais pessoas e suas famílias, numa perspectiva de "empowerment" e humanização de cuidados".*

Esta formulação é muito condensada, a tal ponto que pode passar por "vaga". Dentro do objectivo essencial que aqui se prossegue, pode tentar-se a simples sinalização, sem citar completamente ou desenvolver, de alguns pontos, em relação com os artigos 3.º e 4.º, que se referem a grandes objectivos concretos e a actividades programáticas mais essenciais conducentes à realização daquele objecto social.
No que se refere ao art. 3.º:
promover o reconhecimento das famílias e dos utentes como elementos activos do sistema de saúde, numa óptica de "empowerment" e parceria; promover o reconhecimento das necessidades específicas das famílias decorrentes da doença mental e da sua qualidade de prestadoras informais de cuidados; apoiar a criação e acção de associações de âmbito local ou regional; promover no interior do movimento associativo o estudo, a investigação, o debate crítico, a definição fundamentada de posições/conclusões; relacionar-se com instituições nacionais, de outros países ou internacionais, e habilitar as associações nacionais a beneficiar de tal relacionamento; obter o estatuto de "representatividade genérica"; facilitar o diálogo entre o movimento associativo nacional e entidades públicas e privadas; promover acção formativa na comunidade (promoção da saúde mental, prevenção da doença, combate ao estigma e discriminação, promoção de uma cultura de cidadania, co-responsabilidade e solidariedade); apoiar, mesmo dentro da federação, iniciativas ou tendências que possam levar a organizações autónomas de doentes.

Quanto ao art. 4.º:
reunir, produzir ou difundir informação qualificada, diversificada em função dos destinatários; levar a efeito formas alargadas de reunião e de encontro, de carácter nacional ou internacional, dedicadas a problemática de saúde mental de efectivo interesse para o país e o seu movimento associativo; apoiar com meios financeiros as associações filiadas e iniciativas autónomas destas, de acordo com os recursos desta natureza que possm ser postos à disposição da FNAFSAM ou que ela possa mobilizar para o efeito, através de

candidaturas, projectos inovadores ou outros; promover acções, iniciativas ou projectos de interesse comum que as associações por si só não possam promover.

**4. Condições de filiação na FNAFSAM**

A filiação está aberta a instituições sem fins lucrativos, IPSSs ou outras de solidariedade social sem tal estatuto, de famílias de pessoas com doença mental ou em que a participação de tais famílias seja significativa, pelo número ou eventual participação em corpos gerentes.

Para efeito de filiação, as "associações de familiares", as de "familiares e utentes", as de "familiares e amigos" e outras de espírito similar são equiparadas a associações de famílias.

Como associados efectivos a FNAFSAM só admite entidades colectivas. Indivíduos podem ligar-se à FNAFSAM como voluntários.

**5. O percurso desde finais de 2002: alguns pontos a destacar**

A FNAFSAM partiu do que poderá chamar-se "um zero absoluto". Foi decidido não esperar que estivessem reunidas o que seriam condições materiais mínimas para se intervir com um mínimo de qualidade e garantia de sucesso. Se estivéssemos à espera de tais condições, corríamos o risco de nunca avançar. Decidiu-se valorizar o nosso voluntarismo e partir, em postura de estrito voluntariado cívico, com a convicção que da qualidade da intervenção haveria de resultar credibilidade suficiente para que, com o tempo, se conquistassem as condiçoes materiais que à partida não existiam.

Se é verdade que continuamos a ter muitíssims carências e uma larguíssima margem de evolução a percorrer, não é menos verdade que o passado recente e o momento actual têm muito de gratificante e, pode dizer-se, confirmam a previsão optimsta inicial.

Depois da inauguração de sede própria, em Outubro de 2005, um momento que então classificámos como uma segunda fundação, talvez o facto mais significativo de todo o ano, 2006 caracterizou-se por um desenvolvimento verdadeiramente explosivo. Um dos aspectos mais relevantes dessa evolução foi o aumento do número de associações filiadas, com um total de 12 novas associações, a sua distribuição geográfica e as suas características associativas.

O outro facto não menos significativo do mesmo ano foi o da admissão da FNAFSAM como "full member" da EUFAMI, que ocorreu em meados de Maio, filiação que se tem revelado de um interesse que ultrapassa o que se podia antecipar. [10] Há já várias associações que colheram benefícios directos apreciáveis da ligação do país à EUFAMI. Outro evento significativo: o registo como "Associação de Família", por despacho de 18.05.06 da Direcção-Geral da Segurança Social, da Família e da Criança.

Tendo-se entrado já na segunda metade de 2007, verifica-se que este ano também não tem deixado de caracterizar-se por um crescimento de filiações que se pode considerar, a vários títulos e não apenas na sua dimensão quantitativa, relativamente apreciável, envolvendo até ao presente 4 novas unidades, que concorreram para o actual total de 32 associações filiadas, do Continente, Açores e Madeira. [11] Deve salientar-se que se perfila no horizonte, esperando a Direcção da FNAFSAM que tal se possa concretizar muito proximamente, se tal for da efectiva vontade das partes, um desenvolvimento novo, muito interessante, na área da relação FNAFSAM-Associações.

Omotindo os aspectos que são os mais comuns do que é a intervenção de rotina da FNAFSAM, sinalizaremos apenas alguns outros marcos mais relevantes do percurso efectuado entre fins de 2002 e o presente:

– O número surpreendente de contactos informais, muitos pessoais, e oriundos de diversas partes do país, envolvendo pedidos de

---

[10] Sempre considerámos que a filiação da FNAFSAM na EUFAMI só teria sentido dentro de uma exigência ética fundamental: a de fazer com que o país real pudesse beneficiar de tal adesão. Esta perspectiva insere-se numa orientação que só poderá funcionar se houver efectiva interrelação federação-associações filiadas, o que, claramente, é tanto da responsabilidade da primeira como das suas bases.

[11] São as seguintes as associações filiadas na FNAFSAM em fins de Setembro de 2007: AFAUCST, AASPS, GIRA, AFUAHML, ADEB, VIME, ASSOCIAÇÃO DE SAÚDE MENTAL DOUTOR FERNANDO ILHARCO, AEAPE, AEIPS, ASA AMIGA, NOVA AURORA, PERSONA, ACSMO, HORIZONTE, FAÚMA, AFAUCSB, ASAP, ASAI, ASAF, ÂNCORA, ASAG, DAR VOZ, ASA, ASAA, ENTREMENTES, GAC, DOMUS MATER, ENCONTRAR+SE, A FARPA, AFARAM, UNIR, AFAUCSSR. (Para as abreviaturas cf. *Guia para Familiares de Doentes Mentais*, Col. FNAFSAM n.º 1, 4ª Edição, Lisboa, 2007, pp. 137-143).

ajuda para casos muito difíceis que se deparam às famílias e aos quais, por sistema, se tem dispensado a máxima disponibilidade, dentro de pura missão de gratuita intervenção cívica;
- O número de presenças em encontros;
- O número de intervenções de prelector, por convites dirigidos à Federação, as últimas, entre as mais significativas, no "3.º Colóquio Internacional de Esquizofrenia do Porto" (5-6 de Maio de 2006) e nas "III Jornadas de Reabilitação Psicossocial. Tempos e Modos", da Casa de Saúde do Telhal (12-13 de Outubro de 2006).[12]
- A continuação de representação em órgãos nacionais relevantes, de que a de mais recente início é a Comissão Nacional de Reestruturação dos Serviços de Saúde Mental;
- A distribuição graciosa das duas primeiras publicações da Colecção FNAFSAM, que inclui *Guia para Familiares de Doentes Mentais* (edições em 2003, 2004 e uma terceira já no começo de 2007) e *Actas,* publicadas em Outubro de 2004, do I Simpósio FNAFSAM (levado a efeito em 17.04.04 e cujo secretariado científico esteve confiado a dois centros da Faculdade de Direito da Universidade de Coimbra), dedicado ao tema *O Doente Mental: A Pessoa – A Gestão de Património;*
- O desenvolvimento, ao ritmo possível, de uma biblioteca da especialidade;
- Relações com NAMI (National Alliance on Mental Ilness, USA), a propósito de materiais para eventual tradução e publicação;
- A publicação do *Folheto sobre comparticipação do Estado nos medicamentos. Decreto-Lei n.º 129/05, de 11 de Agosto, e Portaria n.º 91/2006, de 27 de Janeiro,* distribuído, graciosamenhte, a nível nacional;
- A tradução anotada de "Position Papers" de EUFAMI sobre quatro temas (*Necessidades dos cuidadores familiares, Medicamentos, Tratamento e cuidados, Reabilitação e"recovery"*);
- A participação, em representação do país, em estudo internacional, de âmbito europeu, que também regista colaboração de EUFAMI;

---

[12] Cf. *Actas*, Casa de Saúde do Telhal, 2007, pp. 101-107. O teor deste contributo sobre a FNAFSAM baseia-se, largamente, na intervenção que teve lugar nas Jornadas, em 13. Out. 2006.

- Participação, em Nov. de 2006, em encontro "Physical Wellbeing in Mental Health. Time for Action", em Barcelona, por convite, devido a indicação da EUFAMI.

Em relação às mais recentes participações e iniciativas de 2007 destacam-se:
- A participação em encontro, por convite da entidade organizadora, em *4th International Mental Health Summit for Patient and Carer Advocacy Groups CHOICE – Striving for Better Mental Health*, em Atenas, em 13 de Junho, com apresentaçao de texto breve sobre a sua história da FNAFSAM (características gerais como organização federativa e objectivos, estrutura de funcionamento, relato da sua especial experiência no campo da informação);
- A edição do n.º 3 da Colecção FNAFSAM: *Saúde Mental. Antologia de Textos para Utentes e Familiares*, com 30 artigos e 166 páginas.
- A publicação, proporcionada pela FNAFSAM, de guia elaborado por uma associação filiada (Domus Mater–Associação de Apoio ao Familiar e Doente com Perturbação Obsessivo-Compulsiva, *Guia de Apoio ao Doente e Familiares*, 1ª ed., Lisboa, 2007, 18 pp.)[13]

## 6. O momento actual da FNAFSAM: um balanço

Os convites com que a FNAFSAM tem sido distinguida, nomeadamente os dirigidos a integrar orgãos oficiais de relevante significado nacional, convidam-nos a supor que há algum reconhecimento alargado da vocação, capacidade e credibilidade do que tem sido a sua intervenção cívica, apesar da magreza dos recursos disponíveis. Mas do patamar atingido decorrem também alguns desafios, que é necessário enfrentar.

No problema de encontrar respostas funcionalmente adequadas para garantir a sustentabilidade do desenvovimento adquirido e alimentar a sua evolução natural, há dois aspectos interligados: a) por um lado, a

---

[13] Refere-se esta ajuda pelo seu significado como primeira iniciativa do género promovida pela FNAFSAM, apesar das suas imensas dificuldades financeiras. Gostaríamos, efectivamente, que a Federação pudesse ter capacidade financeira e outra para beneficiar as suas filiadas em necessidades de que esta é um bom exemplo.

necessidade de evolução da estrutura organizativa interna da própria Federação; b) por outro, a questão da sustentabilidade financeira, para garantia da própria sobrevivência do projecto dentro da matriz de identidade que, inequivocamente, o tem caracterizado. Se a problemática da reorganização interna depende essencialmente da capacidade e sentido de responsabilidade dos dirigentes da Federação, a segunda questão ultrapassa, claramente, os dirigentes.

Os recursos da quotização que as instituições filiadas satisfazem não serão nunca minimamente suficientes para garantir a subsistência da FNAFSAM e é nosso parecer que a quota anual deve manter-se muito moderada.

Depois de termos dado provas do alcance social de um projecto com o papel representativo e a postura cívica que a FNAFSAM caracteriza, para genuíno e inconfundível benefício de pessoas mais desfavorecidas, envolvidas nas malhas de doenças graves, de elevados custos individuais e sociais, foi nossa expectativa que, pela primeira vez na história da Federação, tivéssemos em 2007 apoio financeiro de uma instância oficial. Tal expectactiva não se concretizou e em resultado disso algumas medidas invadoras que havíamos planeado implementar, mesmo com um orçamento bem moderado, ficaram comprometidas.[14]

A realidade actual é fonte das maiores apreensões. *A sobrevivência da FNAFSAM, no puro plano de gastos correntes indispensáveis à sua existência e rotina diária, está em causa.* Por outro lado, a actual Direcção da FNAFSAM entende dever manter-se fiel ao código de princípios que desde o começo tem norteado a sua missão. É, efectivamente, do interesse do Estado o projecto que a FNAFSAM corporiza?[15]

Lisboa, Setembro de 2007

---

[14] O plano de actividades aprovado para 2007 contemplava, em especial, o reforço da competência técnica da Federação e colaboração remunerada, em horário parcial, de um elemento para assegurar tarefas administrativas.

[15] *"As ONG que têm um papel representativo dos interesses de utentes e famílias e a sua participação ao nível das políticas mas que não prestam serviços não têm qualquer fonte de financiamento regular que permita a sua sobrevivência* (sublinhado da responsabilidde de M. C. Hipólito)... *A participação destas organizações na formulação das políticas é uma das formas de garantir que a visão dos utilizadores dos serviços é tida em conta, contribuindo para o melhor conhecimento das necessidades e para a criação de serviços adequados e acessíveis. Constitui também uma estratégia de*

## Abreviaturas

| | |
|---|---|
| AASPS | – Associação de Apoio e Segurança Psico Social |
| AEIPS | – Associação para o Estudo e Integração Psicossocial |
| AFAUCST | – Associação de Familiares e Amigos dos Utentes da Casa de Saúde do Telhal (AFAUCST) |
| AMRP/RP | – Associação Mundial de Reabilitação Psicossocial / Ramo Português |
| EUFAMI | – Federação Europeia das Associações de Famílias de Pessoas com Doença Mental |
| IPSS | – Instituição Particular de Solidariedade Social |
| OMS | – Organização Mundial de Saúde |

---

*articulação entre o Estado e a sociedade civil."* Cf. Comissão Nacional para a Reestruturação dos Serviços de Saúde Mental, *Relatório da* Comissão *Nacional para a Reestruturação dos Serviços de Saúde Mental*, p. 113, datado de 12 de Abril de 2007, posto a consulta em 30.05.07 (www.portaldasaude.pt).

# INCLUSÃO E SOLIDARIEDADE.
# JUSTIÇA E DESENVOLVIMENTO SOCIAL

ÁLVARO LABORINHO LÚCIO[*]

## I

Convidado a abordar um tema tão vasto e complexo como o da «Inclusão e Solidariedade», à luz de uma relação dinâmica a estabelecer entre «Justiça e Desenvolvimento Social», não quereria deixar, por um lado, de induzir o tratamento da matéria ao tópico central do Congresso, isto é, ao da «Reabilitação e Inclusão na Saúde Mental»; e, por outro lado, de desenhar, ainda que necessariamente a traços grossos, o pano de fundo que, em termos políticos, sociais, económicos e culturais, enquadra hoje as questões da Inclusão, da Solidariedade, do Desenvolvimento Social e da Justiça, retendo desta última, aqui, por óbvias condicionantes de tempo, um sentido restrito que a aproxima daquele que é comum retirar-se da ideia, ou princípio, da Equidade.

Assim sendo, começaria por recordar que foi ao longo da década de sessenta do século passado que, no elenco dos chamados direitos humanos de quarta geração, veio a emergir o *direito ao desenvolvimento,* como verdadeiro *Direito Fundamental dos Cidadãos.* De uma concepção, que marcou o período do pós-guerra, e que tendia a identificar desenvolvimento com crescimento económico, passava-se, assim, a uma proposta que tinha em vista incorporar vertentes culturais, ambientais e sociais, fazendo prevalecer, ao lado da sua natural dimensão económica, a tónica política e social, na própria noção de desenvolvimento[1]. Desenvolvimento

---

[*] Juiz Conselheiro do Supremo Tribunal de Justiça. Jubilado.
[1] Cfr. Manuela Reis, O Património e a Construção de Novos Espaços de Cidadania, in *Cidadania, Integração, Globalização*, Oeiras, Celta, 2000, pág. 281.

e crescimento passaram, então, definitivamente, a reportar a categorias conceptuais materialmente distintas. Com isso, o ser humano veio, finalmente, a ocupar a centralidade na definição do sentido e dos limites do desenvolvimento.

Porém, espreitada a realidade e decompondo-a de molde a garantir um adequado *follow-up* crítico da operacionalidade do conceito, tanto no que respeita ao desenvolvimento industrial, como no que se refere ao desenvolvimento tecnológico e ao desenvolvimento urbano, a par de um vasto e importante conjunto de sinais e de evidências de progresso – elevação do nível de vida das populações, maior acessibilidade a bens de consumo, aumento do leque de competências mercê dos extraordinários avanços conseguidos no campo das modernas tecnologias, proliferação de novas afirmações individuais, liberdades e lazeres –, a par disso, vemo-nos confrontados com as mais diversas ameaças sobre os seres humanos, com o surgimento de novas formas de exclusão, com a sucessiva marginalização de grupos cada vez mais heterogéneos, com a perda, enfim, de muitas das antigas solidariedades[2]. A cidade transforma-se em aglomerado de populações tornando-se opacas as relações inter-subjectivas. Enfraquece o sentido de responsabilidade para com o outro, aumenta o ego-centrismo, instala-se aquilo que já foi designado pela «metástase do ego».

No que aqui mais nos interpela, vem a dar-se um amolecimento da dimensão ética que tradicionalmente imprime coerência às relações sociais e individuais; e reduz-se a essência comunitária da cidade como condição essencial à afirmação de solidariedades que não sejam burocráticas ou próprias da acção do Estado.

«A isto acresce, por outro lado, a incapacidade de os Estados protegerem eficazmente os cidadãos das consequências menos desejáveis do processo unidimensional da modernização» e, daí, «a notória fragilidade das políticas de apoio aos excluídos e marginalizados»[3]. Importa, pois, identificar no desenvolvimento em concreto, tal como ele se projecta em todos e em cada um de nós, duas faces distintas. Uma, onde cabe reconhecer o progresso inequívoco que o acompanha e que confirma a validade das suas dimensões estratégicas e de valor; outra, que, negando estas,

---

[2] Cfr., Edgar Morin, *Uma Política de Civilização*, Lisboa, Instituto Piaget, 1997, pág. 137-138.

[3] Idem.

vem permitir a criação de um verdadeiro caldo de cultura que, ao invés, alimenta a exclusão e projecta, desta, novas formas e manifestações.

Entretanto, noutro plano, embora com este conexo, o fenómeno da moderna *globalização*, na suá dimensão económica, simultaneamente com um vastíssimo conjunto de virtualidades também no plano económico, social e cultural, vem acompanhado de uma «certa desregulação das sociedades»[4].

Tal como vimos para o Desenvolvimento em geral, também a Globalização surge, qual Jano de duas cabeças, por um lado, potenciadora de maior conhecimento, de redução quantitativa de assimetrias, e de desenvolvimento; mas, por outro, responsável, não só por que se cave, qualitativamente, um fosso maior entre integrados e excluídos, como, também, pela criação de novos tipos de exclusão.

Em consequência, a correspondente quebra dos laços de solidariedade vem a conduzir ao reforço do individualismo e este, por sua vez, ao reforço da própria exclusão.

Com uma ideologia situada, comprometida com preocupações de coesão social e fundada em valores como o da solidariedade, vem concorrer uma «teologia do mercado», onde a competição se afirma como regra, pretensamente revestida de neutralidade axiológica. As maiorias passam a ter-se como principal fonte de legitimação, até do ponto de vista moral, traduzindo-se o consumo na dimensão de referência de um novo «imperativo categórico». O sucesso e o insucesso surgem como consequências naturais, formalmente equivalentes, de um jogo aparentemente livre.

De tudo vem a resultar a aceitação da exclusão, também ela, como efeito normal do funcionamento do mercado e das suas regras, podendo mesmo afirmar-se, paradoxalmente, que a exclusão social não resulta do mau funcionamento da economia, ao contrário, ela é, efectivamente, consequência do bom funcionamento desta[5,6].

---

[4] Cfr. António Teixeira Fernandes, *Monotonia Democrática e Diluição das Relações Sociais*, Porto, Edições Afrontamento, 2006, págs. 287 e ss.

[5] Cfr. António Teixeira Fernandes, Para Uma Sociedade Inclusiva No Exercício Da Plena Cidadania, Congresso Da Cidadania, Caderno N.º 1, Cidadania Activa – Direitos e Responsabilidade, Ministro da República Para A região Autónoma Dos Açores, 2005, pp. 107 e ss.

[6] O que vem, aliás, colocar, no plano da teoria e da ética política, a questão central de saber sobre quem pesa a responsabilidade do combate à exclusão assim provocada.

É toda uma nova cultura que tende a instalar-se, geradora daquilo que Umberto Eco classifica como «regime de facto»[7]. Aí se assiste à sobrevalorização da importância dos bens de consumo e do próprio consumo como instrumento de acesso ao poder e ao reconhecimento social, concebidos estes à luz de uma limitada e efémera visão material do mundo e da vida.

Visão, esta, todavia, geradora de ambientes sociais propícios à redução dos valores de relação e de convivência solidária e potenciadores de atitudes irracionais de defesa e securitárias, marcadas pelo preconceito, pelo estereótipo e principalmente pelo medo.

Será tudo isto, porém, bastante, para concluirmos, com Edgar Morin, que «a situação é logicamente desesperada: quanto mais necessária se torna a mudança, mais radical e multi-dimensional ela deve ser, mais o nossos sistemas mentais, os nossos sistemas sociais, os nossos sistemas económicos a tornam impossível»[8]?

Não crendo nós que assim tenha de ser, cumpre-nos então tentar esboçar uma argumentação, ao menos plausível, que se mostre capaz de servir de fundamento a uma resposta negativa.

Desde logo, como forma de reacção, começa por se nos impor um especial cuidado ao lidarmos com o próprio conceito de exclusão social, retendo desta não uma visão tradicional, ligada apenas a ideia de pobreza e, por isso, de segregação marcada por categorias pré-definidas, mas nas palavras de Luís Capucha, enquanto «limitação do acesso a condição de cidadania, ou como submissão a condição de marginalidade social»[9]. Reflectindo com Manuela Silva, diríamos que sendo «a cidadania uma construção sócio-política que tem por base o reconhecimento da igual dignidade de toda a pessoa humana e o direito que lhe assiste de participar na sociedade em que está inserida, tanto no que respeita a partilha de bens materiais e às oportunidades criadas de progresso futuro, como no que se refere aos bens imateriais, bens de conhecimento, cultura e civilização, bens de identidade, bens relacionais e de projecto colectivo... a exclusão social, na medida em que reflecte a impossibilidade de

---

[7] *A Passo de Caranguejo*, Difel, Algés, 2007, p. 130.
[8] Ética Política, in *Uma Política de Civilização*, Instituto Piaget, Lisboa, 1997, p. 194.
[9] Exclusão Profissional, Exclusão Social e Cidadania, in *Cidadania, Integração, Globalização*, Celta, Oeiras, 2000, p. 196.

usufruir desses bens comuns, constitui a negação da cidadania, minando--a nos seus próprios alicerces»[10].

Não estamos, pois, perante conceitos coincidentes.

Com efeito, se a exclusão social reflecte, normalmente, uma ruptura com o mercado de trabalho, ela transporta também rupturas de tipo familiar, afectivo e de desafiliação social, o que nos permite concluir que sendo os pobres também excluídos, nem todos os excluídos são necessariamente absoluta ou relativamente pobres.

A exclusão surge, assim, como o oposto de integração, no sentido de que entre o integrado e o excluído se estabelece uma relação de diferença com inferioridade. Logo, uma relação desequilibrada de poderes e de poder, promotora de um processo de discriminação negativa, com a correspondente fixação de um quadro de estereótipos face ao excluído e com a afirmação, aí, do império do preconceito[11].

E assim que a exclusão gera exclusão e fixa esta como fatalidade, desse modo se dando origem a conceitos como o de *exclusão persistente*, empurrando-se, dessa forma, a própria exclusão para fora dos movimentos de mobilidade social, o que conduz, por fim, a chamada guetização do excluído.

É a exclusão como guetização!

Ora, desta, dificilmente se encontra melhor exemplo do que aquele que pode extrair-se do mundo da doença mental, ela própria, muitas vezes, potenciada, hoje, por novas formas de exclusão identificáveis nos terrenos complexos dos refugiados, da imigração, da pobreza em geral, das dependências, das pessoas socialmente mais vulneráveis. Na verdade, aí convergem os estereótipos e os preconceitos, envolvidos numa cultura marcada por ideias securitárias, pelo desconhecimento, pelo medo, pela legitimação dos mais variados mecanismos irracionais de defesa.

Todavia, é essencial a consciência de que não há aqui nenhum determinismo, nem estamos diante de uma irreversível fatalidade!

---

[10] Exclusão Social, Marginalidade e Políticas de Integração, in *Congresso da Cidadania*, Caderno N.º 1, Cidadania Activa – Direitos e Responsabilidade, Ministro da República Para A Região Autónoma os Açores, 2005, p. 95.

[11] É isso mesmo o que vem dizer João Pina Cabral, quando refere que discriminação não é outra coisa senão «fazer uma distinção, dar tratamento injusto, especialmente por causa de um preconceito», in *Racismo ou Etnocentrismo – Nóe e os Outros, A Exclusão em Portugal e na Europa*, Sociedade Portuguesa de Antropologia e Etnologia, Debates, 2, 1998, pp. 19 e ss.

Pelo contrário, esta deve ser tida como realidade dinâmica, e não estática, de incidência ideológica, isto é, própria de um juízo de valor e, por isso, objecto de análise crítica e, sobretudo, mutável.

Perante isso, desde logo, do desenvolvimento, impõe-se retomar a sua matriz enquanto objecto de um direito fundamental dos cidadãos e buscar, de novo, nele, a centralidade da pessoa humana; enquanto, da globalização, cumprirá reclamar um compromisso sério com os ideais da chamada «globalização justa», capaz de «criar oportunidades para todos»[12].

Assim, convocando a Justiça, seja enquanto ideia, seja como acção comprometida com a ética e com o direito, importa olhar o outro lado do espelho, abordar a exclusão como negação de direitos e, ao invés, procurar na afirmação destes e no reconhecimento de um dever universal de respeito por eles, o verdadeiro caminho da inclusão.

Sem embargo dos múltiplos instrumentos internacionais de promoção, de garantia e de defesa dos direitos humanos, deter-nos-emos apenas, e de passagem, nos preceitos que, na Constituição da República Portuguesa, impõem o respeito pela dignidade da pessoa humana, de toda a pessoa humana (artigo 1.º), e reclamam para todos os cidadãos, sem qualquer distinção, a mesma dignidade social e a mesma igualdade perante a lei (artigo 13.º, 1).

Partindo daqui, torna-se possível olhar a diferença como direito, ao mesmo tempo que se encontra fundamento para a adopção de medidas ditas de discriminação positiva com vista a assegurar o respeito pelo referido princípio da igualdade.

Será, aliás, mais fácil atingir o núcleo central do pensamento que importa desenvolver aqui, se tomarmos o conceito de cidadania como afirmação do direito de cada um exercer concretamente os seus direitos, daí fazendo decorrer a imposição de se proporcionar a todos as capacidades intelectuais e cognitivas necessárias para participar realmente na vida pública, social, económica, cultural e política[13].

É óbvio, que estamos aqui perante normas programáticas, que a realidade, tantas vezes pela própria natureza das coisas, não permite que se concretizem em plenitude. Essencial é, todavia, saber, como agir e em

---

[12] Cfr. *Por Uma Globalização Justa – Criar Oportunidades Para Todos*, Oeiras, Celta, ISCTE, OIT, 2005, p. XVIII.

[13] Cfr. Dominique Schnapper, *La Communauté Des Citoyens – Sur l'idée moderne de nation*, Gallimard, Paris, 1994, p. 95.

nome de que valores, quando assim houver que acontecer. E aí é interessante atentar no belo pensamento de Benjamin Mayes, quando, adianta que «temos que perceber que a tragédia na vida não reside em não alcançar o objectivo, a tragédia na vida é não ter um objectivo para alcançar; não é uma calamidade morrer sem se cumprirem os sonhos, mas é uma calamidade não sonhar; não é uma desgraça não alcançar as estrelas, mas é uma desgraça não ter estrelas para alcançar»[14].

Ora, por aqui, cruzando os direitos humanos, com uma ideia material e comprometida de cidadania, há-de poder intuir-se a emergência de uma nova dimensão humana que não dispense valores e objectivos como os de autonomia pessoal e de solidariedade.

Autonomia do sujeito-cidadão, ele mesmo contraditório na estruturação e nas manifestações de uma personalidade própria, umas vezes, capaz de se afirmar como ser dissidente e crítico, actuando numa sociedade complexa, «de risco» e de incerteza; outras vezes, empenhado na valorização da segurança e do papel primeiro que atribui aos bens materiais.

É nessa contradição que se jogará o sucesso da desejável convergência entre autonomia e solidariedade, na certeza, certa, de que cada uma delas apenas se completa verdadeiramente quando fundada ou projectada na outra.

E não se diga que voltamos aqui à utopia que projecta a solidariedade para o campo das boas intenções.

É, aliás, essa dúvida que perpassa pelo pensamento de Eduardo Lourenço quando interroga se «a existência da solidariedade, a solidariedade como imperativo não apenas subjectivo, mas objectivo, a de toda uma tradição de justiça social, de fraternidade, não será o último álibi da nossa universal impotência para remediar uma miséria sem apelo nem agravo?»[15]. Para ele próprio responder adiantando que «utopia por utopia, a solidariedade na recusa de uma sociedade assumida e triunfalmente nada solidária é ainda a melhor das escolhas»[16].

---

[14] Citado por William Anthony, Reabilitação Psiquiátrica, in *Novos Desafios na Reabilitação de Pessoas com Doença Mental*, Conferência Internacional, Actas, Coordenação – José Ornelas, Lisboa, 1999, p. 20.

[15] Solidariedade Num Mundo Insolidário, in *O Esplendor do Caos*, Gradiva, Lisboa, 1999, p. 65.

[16] Idem.

Assim, vêm a autonomia e a solidariedade a integrarem-se, dialogicamente, no próprio sentido a reconhecer a responsabilidade cívica, enquanto responsabilidade de cidadania, conduzindo-nos a compreensão natural da importância do significado a atribuir hoje a *diversidade* que, por sua vez, nos projecta, para as questões da integração ou da inclusão, impondo uma mudança de padrão contra os efeitos perversos de uma mundialização, reconhecidamente boa, mas também potencialmente alienante[17].

É assim que há quem entenda impor-se criar a diversidade como objectivo da acção política. Não bastando reconhecer a diferença, é necessário caminhar ao encontro do outro para ver nele, simultaneamente, a presença do universal e do particular[18].

Por aqui se torna, pois, possível vislumbrar um imperativo de integração e de inclusão, nomeadamente, em saúde mental, em nome de uma sociedade inclusiva, construída sobre uma ética interrogativa e não fundada numa atitude moralista, e onde seja possível agir em nome da ideia de que «a política de integração é uma política que faz a apologia da tolerância, da diversidade, do pluralismo...»[19].

## II

Ora, aqui chegados, bem poderemos então abordar as questões da inclusão em Saúde Mental, classificando-as exactamente, e antes do mais, como matéria de direitos humanos. O que, só por si, não deixa logo de suscitar novos problemas, o principal dos quais, de acordo com Johan Galtung, «pode ser reformulado da seguinte forma: por um lado, existe a tradição dos direitos humanos, por outro, o trágico fenómeno do aumento crescente das desordens mentais, indicador de alienação, de

---

[17] Já François Jacob, ao bater-se pela preservação da diversidade biológica dos seres humanos, argumentava, lamentando que «a diversidade cultural, que desempenhou no desenvolvimento da sociedade um papel ainda mais importante do que a diversidade genética, se encontre hoje gravemente ameaçada pelo modelo doravante imposto pela civilização industrial». *O Ratinho, a Mosca e o Homem*, Lisboa, Gradiva, 1997, pág. 135.

[18] Alain Touraine, *Carta aos Socialistas*, cit, pág. 68 e ss.

[19] António Vitorino, in *Culturas e Segurança*, Inspecção-Geral da Administração Interna, Seminário Internacional, Lisboa, 2001, p. 33.

perda de identidade. Como se relacionam os dois entre si? Será como um jogo de rodas dentadas encaixadas de tal modo que quando a maquinaria dos direitos humanos é posta em movimento e engata (como num automóvel) com o fenómeno da saúde mental as tendências negativas serão revertidas? Ou será que isso acelerá-las-ia ainda mais? Ou será que os dois mecanismos estão permanentemente desencaixados e são simplesmente irrelevantes um para o outro?»[20].

Confessamos que a interrogação não nos estimula particularmente. De um lado, parece-nos ela demasiado fechada em categorias e *a priori* despidos de qualquer flexibilidade; enquanto do outro, deixa transparecer uma abordagem descentrada da pessoa – verdadeiro dado comum, ou ponto de encontro, de dimensão psico-antropológica, entre direitos humanos e saúde mental – para seleccionar, como dados da equação, duas abstracções, precisamente, a saúde mental e os direitos humanos. É por isso que, a nosso ver, seja qual for a resposta para o problema colocado, parece não poder esta deixar de reclamar o recurso a uma noção de solidariedade feita crescer à luz dos direitos da pessoa com doença e cujo respeito se impõe a todos os cidadãos, e não apenas de uma solidariedade construída sobre a imposição de um dever moral, mais próximo, na sua matriz originária, de valores ligados a exigências de caridade.

Com efeito, estamos aqui perante opções de fundo e de consequências radicalmente diferenciadas tendo em conta as questões oriundas dos mundos da inclusão e da reabilitação.

No primeiro caso, projectando a solidariedade no campo dos direitos da pessoa doente, esta surge diferente pela doença, mas igual enquanto sujeito e enquanto sujeito de direitos. No segundo caso, a pessoa com doença mental, passa a ser vista como ser passivo, carimbado pela doença, socialmente identificado pela sua ligação a esta, o que vem, afinal, a gerar desigualdade e inferioridade, em nome das quais se justifica, então, a criação de um dever de assistência. Ali, o caminho é o da inclusão, real ou prosseguida, como imperativo de justiça e de direito; aqui é a aceitação da exclusão, considerada irreversível, que vem a justificar, no limite, o retorno a uma ideologia assistencialista, por sua natureza avessa ao reconhecimento da autonomia do sujeito e a uma ideia de solidariedade

---

[20] *Direitos Humanos, Uma Nova Perspectiva*, Instituto Piaget, Lisboa, 1994, p. 193.

enquanto direito reconhecido no outro. Em resumo, neste último caso, o recurso é a institucionalização, naquela primeira hipótese, o objectivo é a reabilitação.

Ora, partindo desta indispensável distinção, e adoptando o trajecto da inclusão e da reabilitação, também aqui é possível destacar já hoje um vasto conjunto de instrumentos internacionais de declaração e de protecção de direitos da pessoa com deficiência mental, desde o direito de acesso aos cuidados médicos, o direito à reabilitação e o direito à liberdade; até ao direito à dignidade pessoal, ao respeito individual, ao direito ao trabalho, ao direito à própria integração social. É, pois, a partir daí, que importa dirigir uma viva interpelação à Comunidade de Cidadãos, arrancando da consideração, então indiscutível, do *doente mental enquanto pessoa.*

Desde logo, numa primeira aproximação, caberá continuar a cuidar da questão do estigma em saúde mental, acomodando este, enquanto pré--juizo que é, no campo próprio da ignorância, onde deve inscrever-se, e convocando o conhecimento à assunção do seu papel enquanto suporte decisivo para a construção de uma cultura de integração e de respeito pela diferença.

Impõe-se, assim, antes do mais, arredar a etiquetagem e os seus subsequentes mecanismos de selecção, afastando, ao mesmo tempo, as práticas, sedimentadas em hábitos não sindicáveis, que tendem a valorizar a doença e a desvalorizar o doente. E o que acontece, por exemplo, com a apressada relação que se estabelece entre doença mental e violência, relação esta reforçada pelo recurso, desnecessário e desproporcionado, a processos de segregação e de isolamento da pessoa doente. Ao invés, importa promover comportamentos inclusivos competentes, treinados à luz de modelos que enalteçam, não o valor da doença, mas o valor da pessoa com doença e, assim, travar o cortejo de graves violações de direitos humanos a que estão sujeitos, naquelas circunstâncias, os doentes mentais.

É, afinal, também aqui, de um novo paradigma que se trata, ele mesmo, necessariamente, promotor de novos modelos de intervenção. Por um lado, *em termos globais,* cabe optar agora por uma visão dirigida ao todo social, onde, simultaneamente, se identificam situações de marginalidade, de disfunção familiar, de dependência, de referências de valor contraditórias, tudo gerando vulnerabilidades e propondo, pela sua própria etiologia, e numa primeira linha, sobretudo políticas de prevenção e de informação.

Por outro lado, agora já *em termos especializados,* interessa convergir num quadro comum de princípios gerais de política de saúde mental, para tanto bastando, por agora – cremos – os que, entre nós, vieram a receber consagração na própria Lei de Saúde Mental, (art.º 3.º) e aqueles que agora se anunciam como objectivos do novo Plano Nacional de Saúde Mental.

Na verdade, dali resultam, como grandes linhas de força, o propósito de centralidade a reconhecer à pessoa com doença mental; vista no seu meio comunitário de inserção; e tida como titular de um direito à prestação de cuidados de saúde mental assegurados por equipas multidisciplinares capazes de responderem às mais diversas exigências desde os aspectos médicos, até aos de reabilitação, passando pelos de enfermagem, psicológicos ou sociológicos.

Parece, assim, encontrar-se já hoje segurança bastante para caminhar afoitamente, mesmo numa fase de tratamento, para modelos ou protocolos de intervenção baseada na família e na comunidade, considerando o doente na sua relação com o meio, e estabelecendo interacções da família com a escola, no caso dos mais jovens, ou da família com o trabalho, em idades mais avançadas, envolvendo, em ambos os casos, colegas e outros elementos da comunidade cuja chamada se mostre, em concreto, adequada.

Como resulta de várias experiências já testadas, nomeadamente junto de populações mais jovens, com problemas de toxicodependência, importa basear o modelo num conjunto de princípios orientadores que, em certos termos, lhe marcarão uma identidade diferenciada.

Assim, têm sido destacados, entre outros, o princípio da *prioridade à ajuda às família,* entendendo-o, todavia, na sua cuidada dimensão técnica a reclamar rigor e competência na sua execução.

Aqui, por exemplo, é uma adequada compreensão dos fundamentos legitimadores da intervenção que permitirá evitar que uma excessiva acção de apoio junto das famílias venha a conduzir, por um lado, a um progressivo desligamento destas do seu meio e do seu envolvimento comunitário nele; e, por outro, a dispensar a própria comunidade de fazer o seu trabalho. É por isso que importa fazer acompanhar aquela ajuda de uma acção convergente e programada, por parte das redes sociais locais e, ao nível da comunidade, de um trabalho de informação e de formação de molde a que esta se constitua em verdadeiro espaço de integração tanto da pessoa doente como da sua família.

Princípio daquele decorrente é, depois, o da *mobilidade dos serviços,* com o qual converge, necessariamente, o princípio da *disponibilidade permanente dos terapeutas.*

Disponibilidade, esta, considerada nas suas várias manifestações, entre as quais não é de menor significado a que se analisa na relação pessoal do terapeuta com o doente e com a família sob acompanhamento. Com efeito, centrada a intervenção nas pessoas, no domínio de profissões que envolvem poder e que são propícias à criação de relações de superioridade/inferioridade, aquela afirmada num conhecimento técnico especializado, e esta marcada por evidentes sintomas de fragilidade e de submissão, é a exigência de uma *ética da competência* que aqui vem dar sentido, verdadeiramente axiológico, à disponibilidade reclamada ao terapeuta.

Vale a pena lembrar aqui Jorge Luís Borges quando, depois de afirmar que «talvez a ética seja uma ciência que desapareceu do mundo inteiro», rematou proclamando que «não importa; teremos de inventá-la outra vez!»[21].

Só assim será possível, com resultados positivos, assegurar, por último, o princípio da *definição prévia dos objectivos do tratamento de acordo com as famílias,* dando forma, em cada caso, à respectiva *«aliança terapêutica»,* condição essencial para o êxito da intervenção.

É, aliás, o sucesso deste processo, traduzido na grande melhoria de resultados já obtidos em comparação com o modelo baseado no acompanhamento individual em regime de consulta externa, que conduz a que pareça ser esta a solução a desenvolver, sem reservas, também como alternativa ao internamento psiquiátrico, acompanhando a sua implantação, nomeadamente, da deslocação de recursos do equipamento das instituições para as famílias e para a comunidade[22]. Importa, porém, não esquecer, como último requisito, que será da sua aceitação esclarecida pela comunidade, preparada para uma atitude que privilegie a integração e que recuse o estigma, que dependerá, por inteiro o êxito do modelo.

---

[21] Cfr. Pilar Bravo e Mário Paoletti, *Borges Verbal,* Assírio e Alvim, Lisboa, 1999, p. 81.

[22] Cfr. Scott W. Henggeler, Terapia multissistémica: uma visão geral dos procedimentos clínicos, dos resultados, das pesquisas em curso e das implicações políticas, in *Comportamento Anti-Social e Família -Uma Abordagem Científica,* António Castro Fonseca, Ed., Almedina, Coimbra, 2002, pp. 397 e ss.

Entretanto, ao lado de soluções, como esta, centradas sobretudo nas famílias e na comunidade, e próximas das chamadas terapias multissistémicas, têm vindo, como se sabe, a desenhar-se novas formas de intervenção dirigidas especificamente à pessoa do doente[23].

Aí, tem-se hoje por certo que abrir o hospital e dar prescrição médica à saída é muito pobre e pouco sério.

Logo, a palavra de ordem é desinstitucionalizar para reabilitar, chamando-se, à estruturação teórica do modelo de intervenção, conceitos como, por exemplo, os de *empowerment*, *recovery* e outros.

A partir, além do mais, da conclusão de que, designadamente, no campo da esquizofrenia, a cronicidade da doença, ao contrário do que se havia por adquirido, pode estar ligada à forma como se trata a doença, na medida em que a inadequação do tratamento não promove a adesão do doente[24], procuram-se novos caminhos ou processos «com vista a proporcionar ao doente uma vida satisfatória, contributiva e com esperança, e não necessariamente um destino ou uma cura»[25]. E, assim, por aqui se constrói também o trajecto capaz de conduzir verdadeiramente à reabilitação, na medida em que se enfatiza «que as pessoas são responsáveis pelas suas próprias vidas e que poderemos enfrentar a nossa própria problemática e tudo o que nos é difícil, sem precisarmos de ser vítimas». Podemos, afinal, prosseguindo com as palavras de Patrícia Deegan, tornar-nos agentes do nosso próprio processo de reabilitação[26].

Mas, de uma reabilitação com inclusão, ou, preferencialmente, já em inclusão. Para o que, de novo, cumpre envolver nela, responsabilizando-a, a própria comunidade.

Com efeito, e uma vez mais, não é apenas uma aproximação científica e técnica, ainda que particularmente exigente, que aqui se sugere. Na verdade, sem uma cultura que, transposta para o plano da responsabilidade cívica, venha garantir a formação de uma nova consciência colectiva e, assim, um novo padrão de atitude perante a pessoa com doença mental, dificilmente poderá falar-se de uma efectiva inclusão e de

---

[23] Um bom exemplo, entre nós, encontramo-lo no trabalho que há muito vem sendo prosseguido pela AEBPS.

[24] Cfr, William Anthony, Ob. cit, pp. 16 e 17.

[25] Cfr. William Anthony, idem, e Patrícia Deegan, Recovery, Uma Viajem do Coração, Idem, p. 81.

[26] Ob. Cit. p. 79.

uma verdadeira reabilitação que, em termos comunitários, se traduza em reconhecimento do outro.

É preciso para isso que algumas linhas estratégicas se imponham como pressuposto da acção. Uma, centrada na vertente técnico-científica da própria intervenção, trabalhando aí a dimensão interdisciplinar, e não apenas multidisciplinar, de que esta não pode prescindir, seja na fase de elaboração teórica do modelo, seja nas da sua programação e da sua aplicação.

Outra, incidindo sobre a comunidade, na sua organização, privilegiando os contactos com as redes sociais e envolvendo, comprometidamente, as estruturas próprias do poder autárquico, ao nível dos concelhos e das freguesias.

Dizendo com as palavras de Manuela Silva, «é necessária e urgente uma estratégia de *mainstreaming,* isto é, a adopção de uma perspectiva de erradicação...da exclusão social que atravesse todas as políticas públicas, que seja levada a prática, tanto por parte do governo e da administração pública, como, por parte das autarquias»[27].

Finalmente, outra linha, actuando ainda sobre a comunidade, mas agora agindo sobre os seus membros enquanto cidadãos, dando aí particular ênfase à necessidade de informação e de formação.

É que muito se joga no campo, aparentemente insignificante, dos pormenores. E, também nesse ponto, o ambiente social e humano desempenha um papel que pode tornar-se decisivo.

Desde logo, aceitando deixar de reduzir a pessoa à doença e de acentuar a sua condição de ser doente, e libertando-a enquanto ser autónomo, apenas portador de doença mental. Assim se evita transformar o rótulo, ou a etiqueta, em instrumento de identificação ou, pior, de identidade. Assim se pode convocar a comunidade de cidadãos a assumir-se como espaço natural de inclusão, hábil a reduzir o estigma e a promover a mudança.

Esse constituirá, aliás, o pano de fundo privilegiado para a adopção conseguida de verdadeiras estratégias de *empowerment*, dando voz e poder aos excluídos, designadamente, e conforme os casos, envolvendo-os no trabalho cívico, mesmo remunerado, de combate à própria exclusão, para lá, obviamente, de se lhes garantir o acesso efectivo ao próprio mercado de trabalho.

---

[27] Ob. Cit, p. 103.

Tudo, enfim, sempre determinado pela ideia de que importa sobretudo a procura de uma nova centralidade reconhecida à pessoa e perante a qual a exclusão social surge não apenas como negação da cidadania mas como negação da própria pessoa e da sua dignidade enquanto tal. Ora, concluindo, é perante um desígnio como este que vale a pena salientar, entre nós, sem embargo do longo caminho que importa percorrer, alguns sinais, ainda recentes, de mudança positiva, nomeadamente a coberto das opções consagradas na Lei de Saúde Mental e agora, como vimos, no Plano Nacional correspondente. Desde logo, reconhecendo naquela objectivos compatíveis com os novos modelos de intervenção, quando, prescreve que «a protecção da saúde mental efectiva-se através de medidas que contribuam para assegurar ou restabelecer o equilíbrio psíquico dos indivíduos, para favorecer o desenvolvimento das capacidades envolvidas na construção da personalidade e para promover a sua integração crítica no meio social em que vive».

Mas também em matéria de *internamento compulsivo,* onde, na definição de princípios e de critérios se busca o estabelecimento de uma concordância prática entre os direitos da pessoa com doença mental e a tutela de bens jurídicos de relevante valor.

Por outro lado, as noções de *gravidade da anomalia psíquica e de perigosidade,* e o juízo complexo a desenvolver no caso de *internamento no interesse do doente,* convocam a uma relação natural com a consciência do risco na decisão, e, assim, a uma acção, como vimos, necessariamente cada vez mais multidisciplinar e interdisciplinar.

E aqui, neste ponto de encontro de valores positivos, mas de sinal contrário, que a Justiça, agora nas suas vestes institucionais, assume a imensa responsabilidade de promover a mudança, revestindo a Lei e o Direito, no tempo da sua aplicação, de uma dimensão cultural e estratégica adequada aos novos tempos e, por isso, também ela, potenciadora e, em parte reguladora, do desenvolvimento social e humano. Mas é no plano mais alargado onde a doença mental se insinua em geral, que se reclama da Justiça uma vigilância constante na defesa e na garantia do respeito pelos direitos humanos, de que são titulares, em plena igualdade com os demais, as pessoas portadoras de doença mental, qualquer que seja a gravidade desta.

Podemos, portanto, concluir, aqui, que entre a psiquiatria, a psicologia e o direito, para além de outras, se estabelece hoje uma relação de compromisso irrecusável, desde logo, em nome do respeito pelos direitos dos cidadãos, por aí passando muito da resposta à interrogação sobre o pessimismo de Edgar Morin e à afirmação de um real compromisso entre Justiça e Desenvolvimento Social, entre Inclusão e Solidariedade. Este é, pois, certamente, o caminho que liberta o ser humano, permitindo-lhe lutar contra o determinismo e a fatalidade, até na doença, valendo aqui, com a ironia própria do seu pensamento, repetir as palavras de Dostoievsky, que, posto perante a hipótese da prova de que o comportamento humano seria determinado, afiançou que, a ser assim, então o homem «ainda faria alguma coisa por pura perversidade – criaria a destruição e o caos – precisamente para se afirmar... E, se tudo isto pudesse por sua vez ser analisado e impedido pela previsão de que iria dar-se, então o homem enlouqueceria deliberadamente para provar que tinha razão»[28].

---

[28] Notes From Underground, Cit. por B. F. Skinner, *Para Além da Liberdade e da Dignidade*, Edições 70, Lisboa, 2000, p. 136.

# Sessão de Encerramento

# CONCLUIR PARA RECOMEÇAR: RENOVAR A ESPERANÇA, A VIGILÂNCIA E A EXIGÊNCIA
## DISCURSO DE ENCERRAMENTO E CONCLUSÕES

MANUEL VIEGAS ABREU

Ex.ma Senhora
Dr.ª Idália Moniz,
M.I. Secretária de Estado Adjunta e da Reabilitação, em representação do Senhor Ministro Trabalho e da Segurança Social

Ex.mo Senhor
Prof. Doutor José Manuel Canavarro
Pró-Reitor, em representação do Magnífico Reitor da Universidade de Coimbra

Ex.mo Senhor
Dr. Henrique Fernandes,
Governador Civil de Coimbra

Ex.mo Senhor
Dr. Mário Ruivo,
Director Regional do Centro de Segurança Social do Distrito de Coimbra

Ex.mo Senhor
Prof. Doutor Eduardo Santos,
Coordenador Científico do Instituto de Psicologia Cognitiva, Desenvolvimento Vocacional e Social da Universidade de Coimbra

Senhoras e Senhores Congressistas,

Antes de proceder à leitura das Conclusões deste Iº Congresso de Reabilitação e Inclusão na Saúde Mental – *O Papel das Famílias e das*

*Redes de Apoio Social*, é meu dever endereçar breves palavras de agradecimento em nome da Comissão Organizadora.

Em primeiro lugar, desejo agradecer a todos os congressistas que com a sua presença e participação activa motivaram e enriqueceram os trabalhos do Congresso.

Endereço um agradecimento muito especial a todas as Associações de Famílias e Associações de Profissionais, Doentes, Amigos e Familiares que, aderindo ao apelo da Comissão Organizadora, apresentaram comunicações sob a forma de *"posters"*. A publicação da Brochura com os resumos das comunicações apresentadas fica a testemunhar essa valiosa colaboração. A maior parte dessas Associações ousaram, pela primeira vez, quebrar a "barreira de silêncio" marcando presença e comunicando experiências, dificuldades e projectos. Temos de prosseguir nessa via de dar voz ao que somos, ao que fazemos e às muitas carências com que nos confrontamos para podermos ajudar outras famílias no apoio que temos de dar aos nossos familiares que sofrem limitações e dificuldades à sua reabilitação, ao desenvolvimento das suas potencialidades e à sua inserção social e profissional.

Desejo também reiterar os agradecimentos da Comissão Organizadora a todos os conferencistas e moderadores que ao longo destes dois dias partilharam connosco conhecimentos, experiências e projectos de renovação de serviços e de práticas.

Justo é agradecer, enfim, à equipa do Secretariado: à Rosa Andrade, ao Pedro Belo, à Maria Jorge Ferro, à Carina Teixeira, ao João Pedro Leitão, ao Paulo Figueiredo. Todos foram inexcedíveis em dedicação e em esforço. Sem o seu entusiasmo e o seu empenho a realização do Congresso não teria sido tão bem sucedida. A esta equipa veio juntar-se o Sr. José Barreto Roque, membro efectivo da Direcção da VIME, cujo apoio nos últimos dias da organização do Congresso foi de uma valia inestimável. Bem Hajam!

Com base nas comunicações apresentadas e procurando extrair de cada uma as ideias fundamentais em termos conceptuais e em termos de propostas de acção, eis as principais Conclusões do Congresso:

1. A reabilitação psicossocial no domínio da saúde mental é uma componente essencial do processo terapêutico, devendo, por isso, ser integrada no processo de recuperação desde o seu início.

2. A reabilitação psicossocial para ser eficaz deve orientar-se para a superação das limitações de cada pessoa com problemas de saúde mental e para o desenvolvimento das suas motivações e capacidades potenciais, mas deve também obrigatoriamente orientar-se em introduzir mudanças na sociedade pela criação de estruturas e serviços que contribuam para a inserção de cada pessoa na vida da comunidade.
3. A inserção em diversas modalidades de organização do trabalho – desde "ateliers" de actividades produtivas, postos de trabalho protegido, cooperativas e empresas de inserção – constitui para as pessoas com problemas de saúde mental um processo decisivo no desenvolvimento das suas capacidades de organização, convivência social e valorização pessoal.
4. A organização por parte das empresas de postos de trabalho dedicados ao acolhimento, formação e inserção profissional de pessoas com problemas de saúde mental deve ser incentivada por intermédio de diversos benefícios, no plano fiscal e no plano da formação, e por intermédio da atribuição de títulos de reconhecida responsabilidade e solidariedade social.
5. A necessidade de assegurar o acesso equitativo a cuidados de saúde a pessoas com doença mental requer o equipamento de centros de saúde com valências neste domínio e sobretudo a organização de cuidados continuados e integrados com base em equipas multidisciplinares de apoio domiciliário e de inserção na comunidade.
6. As famílias na sua missão de cuidadores informais e persistentes dos seus familiares com problemas de inserção social precisam elas próprias de apoios diversos, designadamente de informação e de preparação psicológica que as habilite a lidar com as dificuldades dos seus familiares e a ajudá-los melhor no seu esforço de recuperação.
7. As Associações de Famílias e as Federações em que se filiam merecem ser reconhecidas como parceiros sociais de pleno direito e integradas nas organizações locais, regionais, nacionais e internacionais que definem, acompanham e avaliam as políticas de desenvolvimento da saúde mental.
8. Em conformidade com o princípio da proximidade de acesso ao tratamento e à reabilitação, as relações de vizinhança assim

como as iniciativas das redes de apoio social devem ser valorizadas e incluídas em planos integrados de reabilitação e inclusão social.
9. A necessidade de redução do estigma que envolve as pessoas com problemas de saúde mental requer a organização sistemática de campanhas de informação destinadas a diversos sectores da sociedade, designadamente escolas, empresas e órgãos de comunicação social, no quadro de um movimento de difusão de conhecimentos objectivos, instrumento eficaz de eliminação dos preconceitos e do medo em que o estigma e a exclusão se fundam.
10. A investigação científica no domínio da Saúde Mental, reconhecidamente escassa em Portugal, deve ser objecto de incentivos especiais de forma a contribuir para um conhecimento mais objectivo da realidade e uma melhor adequação dos equipamentos e dos serviços.
11. A exclusão social a que têm sido votadas as pessoas com problemas de saúde mental é objectivamente injusta e limitadora dos "direitos humanos e de cidadania" exigindo uma visão equitativa da Justiça com o reconhecimento do direito à dignidade da pessoa humana, à reabilitação, ao trabalho e à inclusão social.
12. As propostas e recomendações apresentadas no "Relatório para a Reestruturação e Desenvolvimento dos Serviços de Saúde Mental em Portugal" e consignadas no "Plano Estratégico da Saúde Mental" que o Conselho de Ministros recentemente aprovou, vêm ao encontro de necessidades há muito sentidas pelas pessoas com problemas de saúde mental, pelos seus familiares e pelas suas Associações. Torna-se agora necessário unir vontades para que a consistente passagem dessas propostas à sua concretização prática seja em breve uma realidade.

Estas Conclusões não fecham tarefas. Pelo contrário, abrem novas perspectivas de intervenção. Constituem um Guia de Acção, que permitirá a cada um de nós permanecer vigilante. Vigilante e exigente na concretização das propostas contidas no Plano Nacional de Saúde Mental recentemente aprovado pelo Conselho de Ministros.

As Associações de Famílias, a Federação Nacional de Associações de Famílias pró-Saúde Mental (FNAFSAM), os profissionais de Saúde e, em primeiro lugar, as pessoas que sofrem de doença mental não irão permitir que a Esperança seja uma vez mais iludida. Este Congresso pode ficar conhecido como o Congresso da Renovação da Esperança, mas sê--lo-á também como o Congresso da Exigência da Acção.

As pessoas com doença mental não podem perder esta oportunidade. Foi por elas que estivemos aqui reunidos. É para a sua recuperação e para a melhoria da qualidade das suas condições de vida que as propostas aqui analisadas vão ser objecto de implementação. É por elas que iremos continuar a trabalhar! As tarefas são imensas e exigentes, tal como são sugeridas por Benjamin Mayes, citado há pouco pelo Dr. Laborinho Lúcio, a propósito do ambiente que rodeia a doença mental: *" temos de perceber que a tragédia na vida não reside em não alcançar o objectivo, a tragédia na vida é não ter um objectivo para alcançar; não é uma calamidade morrer sem se cumprirem os sonhos, mas é uma calamidade não poder sonhar; não é uma desgraça não alcançar as estrelas, mas é uma desgraça não ter estrelas para alcançar".*

A recuperação das doenças mentais é possível! É possível que muitas das pessoas que sofrem de doença mental venham ainda a formular objectivos e projectos construtivos de vida! Não é utópico que possam ter sonhos para o futuro e, deste modo, ter estrelas para alcançar!

Muito obrigado a todos!

Coimbra, 12 de Outubro de 2007

# Comunicações em Poster

# APRESENTAÇÃO

A Comissão Organizadora do *I° Congresso de Reabilitação e Inclusão na Saúde Mental: O Papel das Famílias e das Redes de Apoio Social* considerou por bem, desde o início, incluir no âmbito das actividades do Congresso a apresentação e discussão de comunicações sob a forma de Poster.

Para o efeito, dirigiu convites a profissionais de saúde assim como associações de familiares e amigos de pessoas com problemas de saúde mental que pretendessem dar a conhecer o seu trabalho de apoio ou actividades de investigação no âmbito da reabilitação e inclusão social, fazendo-o por intermédio desta modalidade de apresentação.

A adesão a esta modalidade de comunicação foi muito positiva, tendo sido seleccionadas para exposição 26 propostas de Poster. Alguns dos Posters seleccionados são provenientes de Associações de Famílias que ousaram quebrar a "muralha de silêncio" em que têm vivido e a que são normalmente votadas, aproveitando a oportunidade para expor os seus objectivos, as suas actividades e os seus projectos. A sua presença foi a todos os títulos valiosa, resultado de uma vontade de participar, de passar à acção, de se afirmar como parte indispensável no processo de Reabilitação e Inclusão Social dos seus familiares com problemas de saúde mental. Muitos outros são provenientes de Associações de Profissionais de Saúde ou de Equipas de Reabilitação de Hospitais que têm experiências cujos resultados consideram merecedores de difusão, apreciação e discussão. Nas suas diferenças todos eles mostram vontade de fazer o melhor possível com objectivo de contribuir para a melhoria da qualidade de vida das pessoas que devido às suas dificuldades de inserção na comunidade, precisam de condições especiais de apoio com vista à recuperação da sua autonomia e à valorização das suas potencialidades.

Por estas razões, a publicação dos resumos das comunicações em poster não posia deixar de integrar este livro de Actas.

## SUMÁRIO DAS COMUNICAÇÕES EM POSTER

Constituição e Orgânica da Associação de Apoio aos Doentes
Depressivos e Bipolares (A.D.E.B.)
Objectivos Estatutários da Associação de Apoio aos Doentes
Depressivos e Bipolares (A.D.E.B.)
Um Percurso na Reabilitação Psicossocial
Via Láctea: Dinâmicas de Grupo em Contexto de Reabilitação
Fórum Sócio-Ocupacional de Vila do Conde
Conceito de Alta em Hospital de Dia
Como Pontes Para...
Associação Nova Aurora na Reabilitação e Reintegração Psicossocial (ANARP)
Karaoke como actividade terapêutica em Hospital de Dia
Programa de Intervenção em Hospital de Dia
Objectivos, Actividades e Projectos da Associação dos Familiares
e Amigos dos Utentes da Casa de Saúde de S. João de Deus de Barcelos
(AFAUCSB)
G.I.R.A. – Quem Somos?
"Entrementes" Activas: Prosposta de Intervenção Comunitária em Saúde Mental
Associação entre psicopatologia e qualidade de vida na esquizofrenia:
    Dados preliminares de um estudo epidemiológico em Portugal
Horizonte: Centro de Reabilitação Psicossocial
Promoção do Bem Estar na Esquizofrenia: Da Resiliência à Rede Social
Estruturas Reabilitativas na Comunidade
Reabilitação Psicossocial e "Empowerment"
Doença Mental e Reabilitação: A experiência da ASMAL
Como Pontes Na...
Fórum Sócio Ocupacional e Estruturas Residencais Comunitárias de Matosinhos
Estudo exploratório de investigação-acção: Avaliação da eficácia
de um programa de intervenção grupal na redução de sintomas
depressivos junto de indivíduos com paralisia cerebral
Apoio domiciliário na saúde mental
Maternidade & Perturbações Psicopatológicas: A prática clínica
e o papel das famílias nos casos de psicose puerperal
Percepção de Funcionamento Social na Epilepsia Focal:
O papel de diferentes indicadores de ansiedade
Fórum Sócio-Ocupacional "Sol Nascente"

## CONSTITUIÇÃO E ORGÂNICA DA ASSOCIAÇÃO DE APOIO AOS DOENTES DEPRESSIVOS E BIPOLARES (A.D.E.B.)

INSTITUIÇÃO A.D.E.B. Associação de Apoio aos Doentes Depressivos e Bipolares (adeb@ adeb. pt)

RESUMO A *Associação de Apoio aos Doentes Depressivos e Maníaco--Depressivos, (ADMD),* em Portugal, foi fundada, em 5 de Junho de 1991, por um grupo de doentes, familiares, médicos e técnicos de saúde mental, tendo a escritura notarial sido lavrada em 21 de Agosto de 1991.

Está registada na Direcção Geral de Acção Social, com o n.º 18/93, em 19 de Fevereiro de 1993, como Instituição Particular de Solidariedade Social, de utilidade pública, com fins de saúde.

Em Assembleia-Geral Extraordinária, no dia 5 de Julho de 2003, procedeu-se à alteração do domicílio da Sede Social, da denominação e da sigla da Associação, tendo sido aprovado o nome: **Associação de Apoio aos Doentes Depressivos e Bipolares, (ADEB)**.

A Associação de Apoio aos Doentes Depressivos e Bipolares (**ADEB**) tem Sede Nacional em Lisboa, Delegação na Região Norte (Porto) e Delegação na Região Centro (Coimbra) e o propósito de criar, a médio prazo, núcleos no Alentejo (Évora) e no Algarve (Faro).

A ADEB é, actualmente, a maior Associação na área da Saúde Mental e a única que presta apoio aos doentes Unipolares e Bipolares e seus familiares, a nível nacional.

A ADEB, tem como âmbito todo o território nacional, abrange doentes, familiares, médicos, psicólogos, enfermeiros, técnicos de serviço social e outros profissionais, e tem como objectivos, nomeadamente:

– A reabilitação psicossocial com vista a desenvolver e conservar o equilíbrio da pessoa com doença mental;

– Promover a acção médica especializada junto da comunidade, e divulgando conhecimentos sobre as doenças mentais;

– Apoiar a célula familiar, facultando informações para a justa integração social do paciente bem como a sua estabilidade;

– Apoiar e orientar os utentes desempregados na inserção ou reinserção profissional, em cooperação com os centros de emprego.

## OBJECTIVOS ESTATUTÁRIOS DA ASSOCIAÇÃO DE APOIO AOS DOENTES DEPRESSIVOS E BIPOLARES (A.D.E.B.)

INSTITUIÇÃO    A.D.E.B. Associação de Apoio aos Doentes Depressivos e Bipolares (adeb@adeb.pt)

RESUMO    A Associação de Apoio aos Doentes Depressivos e Bipolares, (ADEB) em consonância com os objectivos estatutários tem vindo a colocar em prática valências e serviços que permitem às pessoas que nos procuram ter um apoio no campo da reabilitação, educação para saúde e prevenção da Doença UNIPOLAR ou BIPOLAR. A valência Reabilitação Psicossocial é desenvolvida nas seguintes vertentes:

– S.O.S. AD E B – Apoio Telefónico

– As Sessões de Apoio Psicossocial

– Os Grupos de Auto-Ajuda

– As Sessões Psicopedagógicas

Na área da Educação para a Saúde Mental tem sido desenvolvida através da edição e divulgação de um conjunto de documentação técnica e pedagógica sobre saúde mental; da realização de Seminários e Colóquios subordinados a várias temáticas, especialmente sobre a Doença UNIPOLAR e BIPOLAR; e da publicação trimestral da Revista BIPOLAR e a sua distribuição gratuita aos associados, familiares e técnicos de saúde. O Apoio Domiciliário tem vindo a ser prestado desde 1996 a pessoas com a patologia BIPOLAR ou UNIPOLAR.

A ADEB presta Apoio e Orientação Profissional uma vez que a Doença UNIPOLAR e BIPOLAR origina a interrupção prematura, temporária ou definitiva da carreira profissional, baixas médicas prolongadas, reformas por invalidez ou aposentação antecipada.

Muitas destas pessoas encontrando-se recuperadas e estabilizadas sentem a necessidade de reconversão profissional, integração laboral ou actividades ocupacionais. A Associação proporciona um Serviço de Aconselhamento Jurídico gratuito, em todos os ramos do Direito, uma vez por semana, nas suas instalações. Os pacientes UNIPOLARES ou BIPOLARES quando em fase de recuperação, necessitam de ocupar o seu tempo em actividades de entretenimento e lazer, com a finalidade de colmatar o isolamento e a solidão.

A fim de dar resposta a estas necessidades vão ser desenvolvidas Iniciativas Culturais e Recreativas em cooperação ou parceria com as autarquias e associações desportivas e recreativas.

O desenvolvimento das Actividades Formativas e Pedagógicas têm tido um papel fundamental na educação para a saúde das pessoas com a Doença UNIPOLAR ou BIPOLAR, sob a coordenação da Comissão Científica e Pedagógica, constituída por médicos, psicólogos, técnicos de saúde, utentes e familiares com base nas seguintes normas: O Intercâmbio com Associações Nacionais e Internacionais: A Federação Nacional de Entidades de Reabilitação de Doentes Mentais, FNERDM, é uma instituição da área de saúde mental onde a ADEB está representada nos seus Corpos Sociais. A cooperação e as boas relações com a "Dean Foundation" e "National Depressive and Manic Depressive Association" (DMDA), e o intercâmbio de publicações científicas, têm permitido à ADEB editar livros e brochuras de grande interesse para pacientes UNIPOLARES ou BIPOLARES e suas famílias. A Filiação na GAMIAN (Global Alliance of Mental Illness Advocacy Networks), com vista a estabelecer uma parceria que se traduz, inevitavelmente, numa mais valia para a nossa Associação. O Desenvolvimento do intercâmbio e relações de amizade com associações afins da CE. Fomentar a cooperação com instituições homólogas de Espanha, na perspectiva de, a curto prazo, se constituir uma Federação Ibérica e promover relações de amizade, o intercâmbio técnico e científico com os PALOP.

## UM PERCURSO NA REABILITAÇÃO PSICOSSOCIAL

AUTORES   Albertina Martins; Ana Boaventura; Cláudia Sousa; Diana Castro; Francisco Javier Vidal; Mafalda Ribeiro & Raquel Martins

INSTITUIÇÃO   Equipa de Reabilitação Psicossocial da Casa de Saúde S. João de Deus – Barcelos (ssocial.barcelos@isjd.pt)

RESUMO   A Casa de Saúde de São João de Deus – Barcelos foi fundada em 1928 e depende jurídica e financeiramente do Instituto São João de Deus, Instituição Particular de Solidariedade Social. O seu principal objectivo é prestar assistência na área da Saúde Mental, a indivíduos do sexo masculino.

A Instituição tem por base um modelo assistencial que se preconiza integral e integrado, implicando abordagens clínicas e psicossociais diferenciadas: desde o tratamento em fase aguda à reabilitação psicossocial, incluindo a reinserção sócio – comunitária. Nos últimos anos, sobretudo, a Reabilitação tem assumido uma particular importância.

É neste contexto que surge o caso do FM. Com 32 anos, FM é solteiro, possui o 6º ano, é natural de Braga e é oriundo de um meio familiar disfuncional (com antecedentes de alcoolismo e doença mental), sendo que o único suporte familiar é a avó paterna, de 82 anos. Até 2004, ano do último internamento, FM registou 3 internamentos anteriores, sendo-lhe diagnosticada uma psicose esquizofrénica, com consumos associados de álcool e drogas.

Em Abril de 2004, FM deu entrada na Unidade *S. João de Deus (*unidade de internamento de agudos) onde respondeu favoravelmente ao tratamento farmacológico prescrito, tendo sido igualmente acompanhado por outras valências técnicas. Aí manteve-se sem manifestações psicopatológicas relevantes, colaborante e participativo nas diferentes actividades ocupacionais que lhe foram sendo propostas, o que lhe permitiu transitar para um projecto de reabilitação.

Em Agosto de 2004, o FM integrou a Unidade *Galo Verde* (equiparada a uma Unidade de Vida Protegida), que tem por objectivo o desenvolvimento de competências básicas de vida diária, bem como estimular a socialização dos utentes. Todo este trabalho fez com que, no decurso desta aprendizagem, o FM tivesse um plano diário de actividades normalizado. Apesar de algumas recaídas ao nível de comportamentos aditivos, que foram sendo superadas através do apoio de diferentes intervenções técnicas, o FM acabou por atingir um nível de autonomia que lhe permitiu ingressar no Curso de Formação Profissional de Jardinagem e Espaços Verdes, bem como a transição para a Unidade de Treino Residencial Pierluigi Marchesi (equiparada a uma Unidade de Vida Apoiada).

Em Novembro de 2005, FM ingressou na *Pierluigi Marchesi*, que visa preparar os utentes para lidarem adequadamente com as exigências do dia-a-dia, tornando-os aptos para a reinserção comunitária. Durante o período em que permaneceu na residência, foram desenvolvidas competências instrumentais e avançadas de vida diária, como o treino da gestão do dinheiro, do manejo da medicação, da gestão doméstica, utilização dos recursos da comunidade, transportes e meios de comunicação. Durante este percurso, FM teve também possibilidade de realizar visitas quinzenais a casa, permitindo a transposição das competências adquiridas na unidade de treino para outros contextos.

Todos estes factores contribuíram para que, em Abril de 2007, o paciente tivesse alta, passando a residir com a avó paterna.

## VIA LÁCTEA: DINÂMICAS DE GRUPO EM CONTEXTO DE REABILITAÇÃO – EXPERIÊNCIA FÓRUM VILA DO CONDE

**AUTORES** Alexandra Cavalheiro, Joana Freitas, Marcia Sousa

**INSTITUIÇÃO** Hospital de Magalhães Lemos – Serviço de Reabilitação Psicossocial (hml@ hmlemos.min-saude.pt)

**RESUMO** As dinâmicas de grupo têm por base a interação interpessoal, com momentos de reflexão e partilha. Pode referir-se Kurt Lewin (1890-1947), como fundador da dinâmica de grupos, designa dinâmica de grupos as interações inerentes aos pequenos grupos da vida quotidiana (1944). As interações de um grupo são genericamente: competitivas, cooperativas, individualistas, facilita-se a interação cooperativa apartir desta intervenção, com a criação de: um grupo acolhedor e tolerante perante as diversas opiniões, com respeito por todos, mais objectivo, promovendo a acção criativa e espontânea.

Privilegiando a partilha e a diferença, fortificam-se os laços de pessoas que frequentam um espaço comum, tendo possibilidade de participar num contexto relacional de reconhecimento.

O grupo foi constituído por todos os utentes do fórum e técnicos que nele se encontravam no periodo matinal das sextas feiras no mês de Fevereiro/Março 2007 (total de 12 participantes). Neste trabalho foram propostas 6 sessões, de uma a duas horas, onde se realizaram exercícios de dinâmicas grupais, com alguns momentos em que são utilizadas técnicas sociométricas e psicodramáticas.

O esquema de base das sessões de psicodrama, foi adoptado como linha mestra para o desenrolar das sessões. Utiliza-se aquecimento corporal inicial, para posteriormente propor diversas situações, as sessões não eram planeadas, por vezes emergiram momentos psicodramáticos.

O aumento da espontaneidade, criatividade e diversão foi potenciado pelas dinâmicas realizadas. Pela "Janela de Johari" pode-se conceptualizar e reflectir, a mudança da visão de si mesmo e dos outros neste contexto.

No presente poster apresentam-se os resultados descritivos das sessões.

| 1ª sessão | 2ª sessão | 3ª sessão | 4ª sessão | 5ª sessão | 6ª sessão |
|---|---|---|---|---|---|
| O meu nome | Mímica-ser um animal, ser maluco | Reflexão "o ideal" | "O Outro"- ofererenda | As drogas e o Grupo | Jogo do Barco |
| Estado civil Mapa Mundo, nascimento e percurso de vida | Rolle-Playing: A chegada de um paciente a uma Instituição mental. | Dramatização "Pedro e o emprego" | Jogos dramáticos de pares | A experiência do Donato | Os papeis individuais e colectivos |

## FÓRUM SÓCIO-OCUPACIONAL DE VILA DO CONDE

AUTORES    Alexandra Cavalheiro, Joana Freitas, Marcia Sousa

INSTITUIÇÃO    Hospital de Magalhães Lemos – Serviço de Reabilitação Psicossocial (hml@ hmlemos.min-saude.pt)

RESUMO    A desinstitucionalização e a consequente integração na comunidade com vista à eliminação do estigma em relação às pessoas portadoras de doença do foro psiquiátrico é, actualmente, a luta comum a todos os envolventes na área da Saúde Mental.

Com efeito, procura-se efectivar medidas que se adequem a estas necessidades e, como tal, propõe-se a existência de estruturas como os Fóruns Sócio-Ocupacionais, que enfatizam o desenvolvimento de programas de estratégia de ajuda aos seus integrantes.

Note-se que se define Fórum Sócio-Ocupacional como "um equipamento de pequena dimensão destinado a pessoas com desvantagem transitória ou permanente, de origem psíquica, visando a sua reinserção sócio-familiar e/ou profissional ou a sua eventual integração em programas de formação ou de emprego protegido." (Despacho Conjunto n.º 407/98 – D.R., II Série, n.º 138, de 18 de Junho)

O Fórum Sócio-Ocupacional de Vila do Conde é um serviço que orienta um programa terapêutico específico a cada utente, de forma a promover a recuperação ou aquisição de competências necessárias ao funcionamento e integração na comunidade e enfatiza a partilha de informação com o utente e sua família, proporcionando programas de educação para a saúde que facilitam estratégias para lidar com a doença mental.

De momento, para dar resposta a estes objectivos, uma equipa composta por uma enfermeira, uma terapeuta ocupacional e uma auxiliar de acção médica trabalham de forma transdisciplinar, das 08:30 às 15:30.

A admissão dos utentes no Fórum é proposta pelo respectivo médico psiquiatra, sendo posteriormente feita uma avaliação pela equipa a fim de se aferir a sua integração. Tem capacidade para doze utentes, sendo o espaço físico composto por um salão subdividido em sala de refeições, sala de actividades e sala de convívio, uma cozinha, um gabinete de enfermagem, uma arrecadação, duas casas de banho e um terraço.

O desenvolvimento das actividades terapêuticas realiza-se quer no Fórum quer na comunidade, facilitando assim a reinserção. As actividades integram treino de actividades de vida diária, treino de competências sociais, actividades na comunidade, psicoeducação, grupo de suporte às famílias, programa de integração educacional/profissional, intervenção terapêutica específica, actividade de culinária, trabalhos manuais, informática, inglês, expressão criativa, actividade física e desportiva, terapia de grupo, passeios culturais, actividades lúdicas, entre outras. Existem ainda outros projectos em desenvolvimento, com vista ao utente obter um sentido de competência, satisfação e realização como resultado do seu envolvimento na actividade.

Actualmente, é a única estrutura existente que abrange os utentes da área demográfica da Póvoa de Varzim e Vila do Conde. Pretende-se que no percurso destas pessoas, a perturbação mental tal como a passagem pelo Forum, sejam apenas momentos transitórios de suas vidas

## CONCEITO DE ALTA EM HOSPITAL DE DIA

AUTORES   Ana Cerqueira, Tiago Santos (tigerwoods0@hotmail.com), Carla Vicente e Sandra Vicente

INSTITUIÇÃO   Hospital Infante D. Pedro – Aveiro

RESUMO   Os Hospitais de Dia afiguram-se cada vez mais relevantes no âmbito da Psiquiatria e Saúde Mental. O caminho percorrido, desde Pinel, tem sido caracterizado pela progressiva evolução do antigo conceito de asilo psiquiátrico e pelas alternativas ao modelo tradicional de internamento. Contudo, o consenso relativo aos modelos concretos a seguir tem sido difícil de atingir, consequência das diferentes concepções epistemológicas e políticas a que os cuidados de saúde psiquiátricos têm sido sujeitos nas últimas décadas. No entanto, o reconhecimento do doente mental enquanto Pessoa, e os progressos constantes da farmacologia, permitem a fundamentação do seu tratamento cada vez mais na reintegração na sociedade enquanto cidadãos de pleno direito. Os Hospitais de Dia possibilitam essa reintegração, focando a sua actividade não apenas no aspecto da reabilitação, ou da estabilização clínica, mas no sentido lato de tratamento psiquiátrico, constituindo uma modalidade terapêutica para muitas patologias. Desta forma, torna-se necessário desenvolver métodos e estratégias de funcionamento que permitam optimizar os resultados e responder aos desafios impostos. Este trabalho aborda, de forma sumária, algumas destas questões, concretamente o contexto inerente à alta de cada doente, nas suas diversas vertentes, tais como o tempo de internamento, a relação custo/benefício e o sucesso da integração sócio-familiar e profissional.

## COMO PONTES PARA...

AUTORES   Ana Lúcia Santos, Alberto de Deus, Alexandrina Pinto, Maíce Baracho, Márcia Fonseca, Maria do Carmo Leão, Maria João Moreira, Mónica Félix, Sónia André.

INSTITUIÇÃO   Casa de Saúde do Telhal (CST) (joao.lopes@isjd.pt)

RESUMO   O Poster apresentado no I Congresso de Reabilitação e Inclusão na Saúde Mental caracteriza a intervenção de reabilitação intra-institucional desenvolvida na CST, salientando a sua intersecção, complementaridade e articulação com a comunidade.

Referenciam-se as várias unidades e serviços nas suas vertentes residencial e ocupacional, destacando-se a Área de Dia "Hospitalidade" e a Unidade de Transição e Treino Residencial "Vivenda da Romã", em que as pontes para a Comunidade assumem maior expressão.

A Área de Dia – Hospitalidade, inaugurada em Março de 2002 tem capacidade média para 30 utentes.

Este serviço tem como objectivo central fornecer oportunidades potenciais para o desempenho, criando e estabelecendo directrizes comportamentais, de forma a preparar os utentes para a reintegração sócio-comunitária, familiar e profissional.

Indicada na prevenção da hospitalização completa, sucessivos internamentos "porta-giratória", na prevenção e tratamento das situações de crise, e ainda na preparação para alta, continuidade do tratamento e do processo reabilitativo.

O Programa Terapêutico implementado por uma Equipa Multidisciplinar centra-se em 3 vértices: Utente, Família e Comunidade. Através da inserção em actividades estruturadas, procura-se incentivar a participação e fomentar a socialização, desenvolvendo treinos específicos em actividades de vida diária, gestão de dinheiro, competências sociais, potenciando a orientação para a realidade e a assertividade.

Desde a sua inauguração até Dezembro de 2006, esta valência atendeu 160 utentes, 137 homens e 23 mulheres, sendo estes, na sua maioria provenientes da Clínica de Agudos (96) e da comunidade (22). Mais de 50% dos utentes atendidos têm idade inferior a 40 anos e possuem diagnóstico de esquizofrenia.

A Unidade de Transição e Treino Residencial "Vivenda da Romã" é um serviço a funcionar na CST desde 1994, tem uma capacidade para 7 utentes e um tempo de permanência em média de 1 ano. Presentemente integra o 10º grupo que ainda não concluiu o projecto pelo que os resultados apresentados referem-se até ao nono grupo, num total de 69 utentes.

A Vivenda da Romã tem como finalidade proporcionar a máxima autonomia possível, tornando os utentes aptos a integrarem-se na comunidade.

O programa terapêutico tem como base os Planos Individuais de Reabilitação (PIR's) que incluem Treinos de Competências em Áreas como Actividades de Vida Diária, Gestão Doméstica, Actividade Vocacional e Actividades de Lazer.

Os residentes têm um papel activo no processo de reabilitação, partilhando entre eles, com a família e com a equipa multidisciplinar a responsabilidade de assegurar o bom funcionamento do projecto.

Durante o Treino Residencial, até ao 9.º grupo, num universo de 69 utentes, a maioria apresentava idade entre 30 e 49 anos e diagnóstico de esquizofrenia. Relativamente ao tempo de internamento, apesar de a maioria ter o último internamento com uma duração inferior a 5 anos, observa-se a existência de um número significativo de utentes (15) com internamentos entre os 11 e os 15 anos.

Após o treino verifica-se a integração de 48 utentes na comunidade, 29 nas unidades de vida da CST e 19 na familia.

A Casa de Saúde do Telhal, numa das suas respostas Ocupacionais – Área de Dia e Residenciais – Vivenda da Romã, como... PONTES PARA A COMUNIDADE.

## ASSOCIAÇÃO NOVA AURORA NA REABILITAÇÃO E REINTEGRAÇÃO PSICOSSOCIAL (ANARP)

**AUTORES** Ana Morais, Joana Soares, Tânia Nogueira, Teresa Santos

**INSTITUIÇÃO** Fórum Sócio-Ocupacional Nova Aurora (ass.anarp@iol.pt)

**RESUMO** A ANARP visa a reabilitação/reinserção social, familiar e laboral de cidadãos com doença mental. Enquadrado numa lógica eclética e multidimensional, este projecto de Reabilitação é balizado por um conjunto de princípios que orientam a intervenção em cinco grandes áreas. Esses princípios assentam na especificidade de cada indivíduo, sendo cada programa dinâmico, integrativo e holístico e baseado numa prática sistemática de avaliação. Integrando na nossa prática a importância da valorização e do reforço positivo, cada programa é definido a partir das capacidades, necessidades e expectativas de cada sujeito, pretendendo-se sempre que seja um produto de interacção dinâmica entre factores intrínsecos e extrínsecos à pessoa, próximo do seu contexto real de vida.

O trabalho de reabilitação da ANARP centra-se em 5 áreas, existindo uma inter-relação e complementaridade entre todas elas. Assim, o processo de reabilitação inicia-se com uma avaliação do perfil do utente, a partir da qual se definem objectivos, estratégias e um horário semanal. Este programa individual, desenhado a partir das dificuldades, capacidades e expectativas apresentadas pelo utente constitui a *Área de Reabilitação e Reintegração* e é esta que norteia todo o processo reabilitativo.

Uma vez definido o programa, o utente integra a *Área de Desenvolvimento de Competências*, que consiste na participação num conjunto de actividades individuais e de grupo, que tem objectivos específicos e sempre subjacente os planos individuais de cada elemento.

Sendo o objectivo da ANARP apoiar, reabilitar e reintegrar social e profissionalmente jovens adultos com doença mental, é essencial uma *Área de Trabalho na Comunidade*. A este nível, a nossa intervenção passa por estabelecer contactos com potenciais locais de integração e outros recursos na comunidade e por divulgar o projecto ANARP noutras entidades, de modo a facilitar a integração dos utentes na comunidade, seja em formações, em experiências profissionais ou culturais.

O processo de reabilitação de cada pessoa só faz sentido desenvolver-se em consonância com o seu contexto real de vida e com as pessoas que nele intervêm, daí que o papel e o envolvimento das famílias sejam imprescindíveis. Nesse sentido, a *Área de Apoio às Famílias* proporciona um espaço de suporte emocional e psico-educativo àquelas, ajudando-as a acompanhar com mais segurança e conforto o projecto do seu familiar.

Por último, existe a *Área de Apoio Psicológico Individual*, que procura dar consistência a todo o trabalho desenvolvido nas outras áreas através do acompanhamento semanal dos utentes, podendo essa regularidade diminuir consoante a fase em que cada um se encontra no seu projecto. Estes apoios estão dirigidos essencialmente para os problemas emocionais, para o desenvolvimento de estratégias para lidarem com as angústias, inseguranças e instabilidades associadas ao quadro clínico do utente. O apoio individual incide também na negociação sistemática e contínua com o utente ao nível da definição do seu projecto de reabilitação, da revisão dos seus objectivos e avaliação das metas atingidas. Por fim, com estes apoios procura-se a estabilidade emocional dos utentes, de modo a evitar situações de crise e de ruptura, permitindo o aumento da sua qualidade de vida, através da sua reintegração social e profissional.

Com este projecto a ANARP pretende ser um ponto de partida para estas pessoas na procura de novas perspectivas e de novas possibilidades de ser, na relação consigo e com os outros.

## KARAOKE COMO ACTIVIDADE TERAPÊUTICA EM HOSPITAL DE DIA

| | |
|---|---|
| AUTORES | Carla Ferreira, Fernanda Nicau, Ana Sofia Mendes, Márcia Almendra, Cidália Assunção & Paula Pinheiro |
| INSTITUIÇÃO | Hospital de Dia do Departamento de Psiquiatria e Saúde Mental do Hospital de Santarém (hdpsiq.hds@gmail.com) |
| RESUMO | O presente trabalho pretende divulgar o karaoke e os seus benefícios terapêuticos na reabilitação psicossocial do doente mental, desenvolvido pela equipa do Hospital de Dia do Departamento de Psiquiatria e Saúde Mental do Hospital de Santarém. |

O Hospital de Dia é uma Unidade de Reabilitação Psicossocial que tem como objectivo prestar cuidados globais, em regime de tratamento ambulatório a doentes psiquiátricos cuja gravidade exija um tratamento coordenado, intensivo, compreensivo e multidisciplinar e cujas capacidades e suporte familiar/social permita tratamento em regime de hospitalização a tempo parcial. O Programa Terapêutico oferece aos doentes uma variedade de actividades que incluem as sessões de karaoke todas as primeiras sextas-feiras do mês, com a duração de 60 minutos e destinam-se a todos os doentes em Hospital de Dia. A actividade decorre na sala de reuniões do Hospital de Dia, ou se o tempo o permitir no jardim perto do mesmo.

A presente actividade surgiu da necessidade de dinamizar em Hospital de Dia processos criativos, com um maior enfoque para um programa que englobe mais sessões de socialização, saídas ao exterior e uma maior abertura para a comunidade.

O karaoke é uma actividade terapêutica que tem efeitos ao nível do humor e possibilita às pessoas com doença mental a expressão das emoções, ajudando-os a articular os seus sentimentos através das letras das músicas, visa ainda o relaxamento, a diminuição da tensão física e psíquica e a coesão do grupo. Tem-se revelado uma actividade muito para além de uma acção lúdica, proporcionando um aprimoramento do sentido estético e da expressão corporal, e o desenvolvimento emocional e intelectual. A expressão corporal desempenha um papel de suma importância no contexto da comunicação, funcionando algumas vezes, como meio de reforçar uma ideia que está a ser transmitida.

É de salientar os efeitos positivos ao nível da auto-estima, das competências sociais, da redução da ansiedade e de um sentimento de participação numa actividade de grupo. Tem sido observado que segurar no microfone, cantar ou, até, só ouvir a letra da música tem efeitos ao nível cognitivo, o que se traduz num aumento da capacidade de concentração, atenção e memória. Verifica-se ainda que ao participarem nesta actividade, os doentes identificam-se com algumas personagens e estados de humor descritos nas músicas, e desde modo o karaoke é facilitador da expressão de sentimentos.

## PROGRAMA DE INTERVENÇÃO EM HOSPITAL DE DIA

AUTORES  Carla Ferreira, Fernanda Nicau, Ana Sofia Mendes, Márcia Almendra, Cidália Assunção & Paula Pinheiro
INSTITUIÇÃO  Hospital de Dia do Departamento de Psiquiatria e Saúde Mental do Hospital de Santarém (hdpsiq.hds@gmail.com)
RESUMO  O Hospital de Dia do Departamento de Psiquiatria e Saúde Mental do Hospital de Santarém, é uma Unidade de Reabilitação Psicossocial que funciona como internamento parcial, e oferece cuidados psiquiátricos mediante um projecto terapêutico individual e com um programa de tratamento que enfatiza os grupos terapêuticos e sociais.

Procuramos com esse programa reduzir ao menor tempo possível a duração do internamento, porém sempre atentos, procede-se à avaliação da frequência e ao intervalo entre os re-internamentos, de modo a predizer eficácia do tratamento a longo prazo.

Por ser um programa de internamento aberto, ou scja, o paciente permanece no serviço durante o dia retornando para casa à noite, a angústia da separação vivida pelo paciente e seus familiares diminui significativamente, assim como é garantida a manutenção de vínculos com a realidade, uma vez que o paciente não perde o contacto com as actividades rotineiras de sua vida pessoal e familiar. O Hospital de Dia fornece aos doentes uma oportunidade de integrar experiências novas e positivas, assim como treinar novas competências.

Esta unidade tem como objectivo prestar cuidados globais, em regime de tratamento ambulatório, a doentes psiquiátricos cuja gravidade exija um tratamento coordenado, intensivo, compreensivo e multidisciplinar e cujas capacidades e suporte familiar/social permita tratamento em regime de hospitalização a tempo parcial.

Organiza-se um trabalho mais individualizado para cada doente, intervindo-se numa perspectiva multidisciplinar e com um plano flexível de acordo com as várias fases de evolução da doença, o plano de tratamento individual é essencial para o programa terapêutico. O projecto terapêutico permite a cada doente trabalhar nos sintomas sinalizados entre este e a equipa. Um membro da equipa reúne-se com o doente duas vezes por semana para rever o seu plano de tratamento individualizado e discutir aspectos específicos do tratamento, recuperação e plano de alta.

O programa terapêutico fornece uma série de normas e regras de comportamento que dizem respeito ao modo como os doentes participam nas actividades, se respeitam uns aos outros enquanto pessoas e aprendem a cuidar não só deles mas como dos seus pares.

As actividades terapêuticas contemplam o desenvolvimento de competências práticas para a vida quotidiana, através de recursos psicoterapêuticos e ocupacionais com uma metodologia actualizada dentro da reabilitação de doenças mentais. As actividades grupais (modalidade primordial de tratamento) são realizadas diariamente e visam levar o paciente a consciencializar-se da sua problemática no contacto com a realidade. Para isso, profissionais especializados utilizam técnicas como: relaxamento, sensibilização, expressão corporal, arte-terapia, dinâmicas de grupo, entre outras.

## OBJECTIVOS, ACTIVIDADES E PROJECTOS DA ASSOCIAÇÃO DOS FAMILIARES E AMIGOS DOS UTENTES DA CASA DE SAÚDE DE S. JOÃO DE DEUS DE BARCELOS (AFAUCSB)

AUTORES    Durães, J. M., Gonçalves, F. & Peixoto, A.

INSTITUIÇÃO    Associação dos Familiares e Amigos dos Utentes da Casa de Saúde de S. João de Deus de Barcelos (AFAUCSB) (afaucsb@ clix.pt)

RESUMO    A AFAUCSB tem como objectivos gerais a promoção da saúde mental, a prevenção e a intervenção na rede familiar nuclear e social de doentes mentais, assim como, em sujeitos com perturbação psiquiátrica e/ou psicológica conhecida ou desconhecida, residentes nos Distritos de Viana do Castelo e Braga. Para o efeito, está em actividade presente o Gabinete de Apoio, Orientação/Encaminhamento Psicossocial e Aconselhamento Jurídico (GAPAJ), o Grupo de Ajuda Mútua e Apoio (GAM), o Curso de Formação para Famílias de Doentes Mentais e a Acção de Formação Pedagógica Psicossocial para Pessoas portadoras de Doença Mental. A AFAUCSB pretende no futuro servir de instituição acolhedora do I Encontro Nacional das Associações de Família na Área da Saúde Mental para o ano de 2007, assegurar a criação de um Centro de Dia para doentes mentais e promover projectos de investigação na área da saúde mental.

## G.I.R.A. – QUEM SOMOS?

**AUTORES** Eleonora Gonçalves e Leónia Clemente
**INSTITUIÇÃO** GIRA – Grupo de Intervenção e Reabilitação Activa, IPSS (gira@ gira.org.pt)
**RESUMO** 1. Breve Introdução da Instituição

A G.I.R.A., Grupo de Intervenção e Reabilitação Activa – é uma Instituição Particular de Solidariedade Social, sem fins lucrativos, fundada em 1995, por familiares e amigos de pessoas com doença mental. A nossa actividade visa o apoio a populações em risco de exclusão, no domínio da saúde mental, promovendo a sua reabilitação e integração social.

A GIRA tem como objectivos: Reabilitação activa dos doentes apoiados; Criação de grupos de auto-ajuda para as famílias das pessoas com doença mental; Promover a qualidade de vida da pessoa com doença mental e sua família; Intervenção social no domínio da saúde mental; Informar e sensibilizar a comunidade sobre estar problemáticas.

A Nossa Missão: melhorar o funcionamento de pessoas com incapacidades psiquiátricas de modo a terem sucesso nos ambientes de sua escolha e intervir socialmente para informar e sensibilizar a comunidade e assim contribuir para a sustentabilidade da reinserção social e as pessoas apoiadas.

A Nossa Visão: contribuir para o desenvolvimento de uma sociedade que enquadra as pessoas com incapacidades psiquiátricas e lhes viabiliza a vida com qualidade.

Os Nossos Valores: dedicação, solidariedade e responsabilidade.

2. Respostas sociais

No âmbito do Despacho Conjunto 407/98, II série, n.º 138, de 18 de Junho entre os Ministérios da Saúde e do Trabalho e da Solidariedade, a GIRA criou as seguintes 6 respostas sociais:

A. Com Acordos de Cooperação entre a GIRA, Centro Distrital de Segurança Social de Lisboa e o Hospital Miguel Bombarda:

3. Unidade de Vida Protegida UPRO: as UPRO são *"estruturas habitacionais com capacidade para cinco a sete utentes destinada sobretudo ao treino de autonomia de pessoas adultas com problemática psiquiátrica grave e de evolução crónica, clinicamente estável desde que se verifiquem:*

*a) Potencialidades passíveis de desenvolvimento, pela integração em programa de reabilitação psicossocial;*

*b) Ausência de alternativa residencial ou, tendo-a, são rejeitados ou rejeitam os conviventes (mesmo familiares directos).* (Despacho Conjunto 407/98)

– UPRO Gira – apoia 6 utentes, sita no Areeiro; Concelho de Lisboa

– UPRO Panda – apoia 4 utentes, sita no Areeiro; Concelho de Lisboa

– UPRO Joy – apoia 7 utentes, sita em Benfica; Concelho de Lisboa

– 1 Unidade de Vida Autónoma – UVAU: As UVAU são *"estruturas habitacionais, de dimensão e localização na comunidade com capacidade para cinco a sete utentes destinada a pessoas adultas com problemática psiquiátrica grave estabilizada e de evolução crónica, com boa capacidade autonómica, permitindo a sua integração em programa de formação profissional ou em emprego normal ou protegido e sem alternativa residencial satisfatória."* (Despacho Conjunto 407/98)

– UPRO Âncora – apoia 7 utentes, sita no Conde Redondo; Concelho de Lisboa

– 1 Fórum Sócio Ocupacional – FSO

*"Equipamento de pequena dimensão destinado a pessoas com desvantagem, transitória ou permanente, de origem psíquica, visando a sua reinserção sócio-familiar e ou profissional ou a sua eventual integração em programas de formação ou de emprego protegido."* (Despacho Conjunto 407/98)

– FSO Retiro de Alfama – apoia 30 utentes, sita em Alfama; Concelho de Lisboa

B. Com Acordos de Cooperação entre a GIRA, Centro Distrital de Segurança Social de Setúbal e o Hospital Miguel Bombarda:

1 Fórum Sócio Ocupacional – FSO: FSO Gaivota – apoia 25 utentes, sita na Charneca de Caparica; Concelho de Almada

## "ENTREMENTES" ACTIVAS: PROPOSTA DE INTERVENÇÃO COMUNITÁRIA EM SAÚDE MENTAL

AUTORES    Filomena Nabais, David Rosa, Anabela Januário, Helena Caio, Helena Afonso, Elisabete Santos & Isabel Cristina Calheiros

INSTITUIÇÃO    Associação Entrementes / Hospital Júlio de Matos (associacaoentrementes@gmail.com)

RESUMO    A Associação "Entrementes", de âmbito nacional, visa intervir ao nível da protecção e da integração familiar, socioprofissional e comunitária de indivíduos maiores de 16 anos, pertencentes a grupos de risco, no âmbito da psiquiatria e da saúde mental, e envolvendo diminuição das suas capacidades, bem como indivíduos residentes em contextos socioeconómicos mais desfavorecidos e/ou problemáticos. A associação procurará intervir através da concepção, implementação e execução de acções no domínio das vertentes comunitária, clínica e psicossocial.

Com o objectivo de "combater" o estigma associado à doença mental, e melhorar a prestação de cuidados a esta população, a Associação Entrementes apresenta uma proposta de intervenção na área de Santa Maria dos Olivais (Lisboa) visando desenvolver acções de formação para os Agentes de Socialização e Estruturas Comunitárias Locais (P. S. P.; Bombeiros; etc.), procurando desmistificar crenças e atitudes face à doença mental, desenvolvendo novas formas de abordagem.

Pretende-se, através de uma metodologia estruturada num conjunto de (8) sessões, a sensibilização para o fenómeno da pessoa com doença mental e informação/educação sobre as características e modos de vivência da mesma, promovendo a sua integração socioprofissional, melhorando assim a sua Qualidade de Vida.

## ASSOCIAÇÃO ENTRE PSICOPATOLOGIA E QUALIDADE DE VIDA NA ESQUIZOFRENIA: DADOS PRELIMINARES DE UM ESTUDO EPIDEMIOLÓGICO EM PORTUGAL

AUTORES  João Pedro Leitão, Marco Pereira, Sofia Gameiro, Maria Cristina Canavarro & Adriano Vaz Serra

INSTITUIÇÃO  Faculdade de Psicologia e de Ciências da Educação da Universidade de Coimbra (www.fpce.uc.pt) e Faculdade de Medicina da Universidade de Coimbra (adrianovs@ netvisao.pt)

RESUMO  **Introdução:** O conceito de qualidade de vida (QdV), como medida de bem-estar e de ponto de partida para a intervenção, tem ganho cada vez maior relevância na área da investigação e na prática clínica com doentes esquizofrénicos. Os estudos que analisam a relação entre QdV e esquizofrenia têm evidenciado que é significativamente mais baixa nestes doentes. O presente estudo tem como objectivo analisar a associação entre psicopatologia e QdV em doentes esquizofrénicos, e identificar quais os sintomas psicopatológicos que melhor predizem os diferentes domínios da QdV.

**Método:** A amostra é constituida por 127 doentes esquizofrénicos que preencheram o protocolo de avaliação composto pelas versões portuguesas do WHOQOL-Bref e do Brief Symptom Inventory (BSI). Foi analisado o poder preditivo das dimensões psicopatológicas em todos os domínios da QdV através dos modelos de regressão linear, assim como a associação entre a psicopatologia e a QdV através de correlações.

**Resultados:** Os resultados mostram que os indivíduos esquizofrénicos, quando comparados com a população normal, apresentam, em geral, níveis mais elevados de psicopatologia, no entanto, nas dimensões Obsessões--Compulsões, Ansiedade e Total de Sintomas Positivos, essas diferenças não são significativas. Quando comparados com os doentes psiquiátricos em geral, estes sujeitos revelam valores mais baixos de psicopatologia, sendo que esta diferença não é significativa nas dimensões Ansiedade Fóbica, Ideação Paranóide e Índice de Sintomas Positivos.

Foi encontrada uma correlação negativa entre psicopatologia e QdV em todos os domínios. As correlações mais elevadas verificaram-se entre as dimensões Somatização, Obsessões-Compulsões, Depressão e Índice Geral de Factores do BSI e os cinco domínios da QdV. Quando analisados os preditores da QdV, os resultados indicam a Depressão e a Somatização como as dimensões que melhor predizem a QdV destes doentes

**Conclusões:** Os resultados relevam o valor das medidas de QdV no contexto clínico, como uma fonte adicional de informação (para além da saúde física e mental). As análises correlacionais e de regressão efectuadas realçam as dimensões psicopatológicas Depressão e Somatização como as que mais influenciam a QdV na esquizofrenia, indicando a tendência de certas dimensões para afectarem especificamente a QdV, o que sugere a necessidade de posteriores análises para melhor perceber esta relação e poder de influência, e que outros factores poderão estar implicados na QdV destes doentes.

## HORIZONTE: CENTRO DE REABILITAÇÃO PSICOSSOCIAL

AUTORES  Joana Demony, Joana Leão

INSTITUIÇÃO  Horizonte: Centro de Reabilitação Psicossocial (Rua de Marvila, 40 – 1º Esq.; 1950-200 Lisboa; 969639188; 964002203)

RESUMO  O investimento que a actual conjuntura sócio-política tem vindo a fazer na desinstitucionalização do doente mental crónico promove um contexto favorável ao surgimento de alternativas aos internamentos prolongados, das quais é exemplo a Unidade de Vida Protegida (UPRO) que aqui representamos, o apoio social da *HORIZONTE*.

A UPRO é uma resposta residencial, que presta cuidados na área da saúde mental crónica, dirigida a pessoas que apresentem dificuldades de integração familiar, social e profissional.

Orientada pelos princípios contemplados na Lei de Saúde Mental (lei n.º 36/98, 24 de Julho) e no Despacho Conjunto n.º 407/98 (D.R. II série, n.º 138 de 18 de Junho) a UPRO encontra-se situada no seio comunitário, com acessibilidade a infraestruturas básicas.

O objectivo geral centra-se no treino de autonomia, dos seus utentes, visando a promoção da reabilitação psicossocial e reinserção social. Neste sentido, os princípios gerais reguladores da intervenção assentam na promoção da aprendizagem de hábitos organizadores, na sociabilização indiferenciada, no estabelecimento de contacto com a comunidade, com vista à progressiva integração, minimizando possíveis recaídas e consequentes institucionalizações.

A metodologia utilizada consiste: no acompanhamento individualizado por um técnico de referência, na elaboração e avaliação conjunta semestral de um Plano Individual de Reabilitação e no recurso a actividades e projectos de intervenção que respondam a necessidades específicas dos residentes.

O nível mais básico de intervenção compreende o treino de Actividades da Vida Diária, que consiste no desempenho de tarefas domésticas essenciais na vida quotidiana, por parte dos utentes, assim como o Treino de Competências Sociais.

No sentido de responder a motivações do grupo de utentes, são promovidos espaços ocupacionais contemplando ateliers criativo-expressivos, ateliers de dança, saídas de âmbito cultural, dinâmicas de grupo e mini-férias. O evento "CRI(actividades)" pretendeu dar a conhecer os objectos produzidos nos ateliers criativo-expressivos à comunidade.

Relativamente aos projectos internos, desenvolve-se: o projecto *"Promoção da Saúde"*, promovendo o bem-estar físico e prevenindo a doença; o projecto *"Comunicando com as Letras"*, que visa a estimulação da leitura e da escrita; o projecto de promoção de solidariedade entre instituições *"A Troca"*; o projecto de envolvimento das famílias *"Nós e o Mundo"*; o projecto *"Serões sem Lareira"*, que constitui um espaço livre para partilha de informações e experiências; as sessões de Terapia de Grupo, com vista ao auto-conhecimento e à resolução de conflitos.

São ainda desenvolvidos dois projectos externos à UPRO: o projecto «Família: Formar para o Futuro», que consiste sessões de informação, psicoeducação e de grupos de apoio para familiares de pessoas com esquizofrenia; e o projecto «oporTUnidades», de prevenção da esquizofrenia na infância e adolescência.

Futuramente prevê-se a implementação de sessões de relaxamento na UPRO; a organização do II Encontro Horizonte; a realização da obra no espaço cedido pela C. M. Lisboa, para Sede e substituição da actual UPRO.

## PROMOÇÃO DO BEM ESTAR NA ESQUIZOFENIA: DA RESILIÊNCIA À REDE SOCIAL

AUTORES — Joana Demony, Joana Leão

INSTITUIÇÃO — Unidade de Vida Protegida; Horizonte: Centro de Reabilitação Psicossocial (Rua de Marvila, 40 – 1º Esq.; 1950--200 Lisboa; 969639188; 964002203)

RESUMO — O investimento que a actual conjuntura sócio-política tem vindo a fazer na desinstitucionalização do doente mental crónico promove um contexto favorável ao surgimento de respostas alternativas aos internamentos prolongados, das quais é exemplo a Unidade de Vida Protegida (UPRO) que aqui representamos, o apoio social da *HORIZONTE*.

A intervenção desta valência tem como meta a reabilitação psicossocial e inserção comunitária do doente mental crónico, e é focalizada nas seguintes vertentes: representação da doença, controlo dos sintomas, adesão às prescrições, fortalecimento de aptidões sociais e de execução, promoção da aquisição de novas competências congruentes com a situação de vida actual e adaptação à doença.

Neste âmbito, os esforços convergem no sentido de potenciar a autonomia, intensificando a percepção de controlo dos utentes, e fomentando uma postura activa no processo de reabilitação. Considera-se também a importância de reedificar o propósito de vida dos utentes, de forma a ser adaptado às circunstâncias e limitações actuais.

Contudo, são inúmeras as barreiras ao processo de reabilitação psicossocial e de inserção comunitária, devido à escassez de rede institucional complementar que apoie os utentes da UPRO. Com efeito, existem poucas opções residenciais para encaminhamento dos utentes, uma vez finalizado o Projecto Individual de Reabilitação (PIR) na UPRO; ao mesmo tempo, este mesmo Projecto é condicionado pela ausência de respostas de formação, emprego ou ocupacionais. A inexistência, na prática, de alternativas de vida, promove a inércia nos utentes, que na sua maioria optam pelo apoio financeiro do estado.

Associado a estas dificuldades institucionais, os utentes deparam-se ainda com o estigma social e o afastamento familiar, constituindo os restantes colegas, técnicos e voluntários da UPRO a sua rede de apoio social mais consistente.

O curso normal de implementação do PIR é portanto dificultado por todos obstáculos mencionados, e isto produz efeitos devastadores na percepção subjectiva de qualidade de vida e bem-estar dos utentes.

É pelos factos apresentados que a intervenção técnica na UPRO, para além dos objectivos teóricos que visa atingir e que estão legalmente previstos e atribuídos, dá relevância à promoção da **resiliência** – diminuindo os efeitos nefastos da inércia, à reaproximação **familiar** – estimulando a frequência de contactos e apoios afectivos, criando actividades especificas entre os membros e envolvendo-os em todo o processo, e ao alargamento da **rede social** – favorecendo a participação nas actividades recreativas e de lazer da comunidade em que estamos inseridos.

## ESTRUTURAS REABILITATIVAS NA COMUNIDADE

AUTORES  José João Silva, Maria João Moreira, Patrícia Cruz, Rosa Quelhas (rosaquelhas_@gmail.com), Tiago Rodrigues (tiago_a_rodrigues_@yahoo.com), Joaquim Ramos

INSTITUIÇÃO  Serviço de Reabilitação do Hospital de Magalhães Lemos/ /AFUA

RESUMO  A Organização Mundial de Saúde (OMS) define Saúde Mental como "o estado de bem-estar no qual o indivíduo realiza as suas capacidades, pode fazer face ao stress normal da vida, trabalhar de forma produtiva e frutífera e contribuir para a comunidade em que se insere".

Neste sentido, no início dos anos 70, Portugal adoptou o Modelo Comunitário de cuidados em saúde mental, implementado nos anos 80 e consolidado a partir de 1996. A adopção deste modelo deve-se ao facto das estruturas de intervenção se localizarem próximo das residências dos cidadãos, fazerem parte do sistema de saúde geral e disponibilizarem serviços preventivos, terapêuticos e reabilitativos, numa lógica de proximidade e continuidade de cuidados.

É neste contexto que o Hospital de Magalhães Lemos, em parceria com a sua Associação de Familiares, Utentes e Amigos (AFUA), criou as seguintes estruturas reabilitativas comunitárias:

– Empresas de Inserção (Portaria 348-A/98);

– Fórum Sócio-ocupacional (Despacho 407/98) e

– Unidades de Vida (Despacho 407/98).

Neste trabalho, os autores propõem-se a caracterizar os diferentes modelos das estruturas comunitárias disponíveis, incluindo também uma descrição sucinta das características socio-demográficas e clínicas dos utentes admitidos desde o início do seu funcionamento.

## REABILITAÇÃO PSICOSSOCIAL E "EMPOWERMENT"

AUTORES José João Silva, Maria João Moreira, Patrícia Cruz, Rosa Quelhas (rosaquelhas@gmail.com), Tiago Rodrigues (tiago_a_rodrigues@_yahoo.com), Joaquim Ramos

INSTITUIÇÃO Serviço de Reabilitação do Hospital de Magalhães Lemos/ /AFUA

RESUMO O conceito "Reabilitação" é definido pela Organização Mundial de Saúde (OMS) como a "aplicação de medidas que visam reduzir o impacto de condições associadas a incapacidade ou desvantagem, e permitir que as pessoas com incapacidades alcancem integração a nível social" (OMS, 1980).

No que diz respeito à Saúde Mental, os cuidados de Reabilitação destinam-se sobretudo a um grupo de doentes com patologia psiquiátrica severa e duradoura que, mesmo estabilizada, confere limitações no seu funcionamento pessoal e social. Os objectivos dos Serviços de Reabilitação devem apontar no sentido da promoção da inclusão social, da minimização da incapacidade e desvantagem resultantes da doença.

Uma intervenção com sucesso requer um enfoque decisivo no *"empowerment"*, definido como o controlo pessoal sobre todos os domínios da vida, incluindo áreas tão importantes como as actividades de vida diárias (AVD), competências pessoais, sociais, laborais e da relação.

O impacto deste processo é tal que, apesar do estigma social, permite que o indivíduo mantenha atitudes positivas em relação a si mesmo, com boa auto-estima, sentimentos de auto-eficácia e optimismo acerca do futuro.

Neste trabalho, os autores abrem as portas às actividades do Serviço de Reabilitação do Hospital de Magalhães Lemos, através do testemunho de doentes que viram fortalecido o seu *"empowerment"* através do trabalho de equipa realizado, com consequente melhoria da qualidade de vida.

## DOENÇA MENTAL E REABILITAÇÃO: A EXPERIÊNCIA DA ASMAL

AUTORES   Leonarda Silva & Sandra Barroso

INSTITUIÇÃO   **ASMAL** – Associação de Saúde Mental do Algarve (asmal@ mail.telepac.pt)

RESUMO   A **ASMAL** – Associação de Saúde Mental do Algarve é uma Instituição Particular de Solidariedade Social (I.P.S.S.), sem fins lucrativos, de utilidade pública de âmbito de intervenção nacional. Fundada em 1991, tem sede em Faro e nasceu como resposta prioritária à necessidade de criar estruturas e serviços de apoio aos jovens e adultos doentes mentais de evolução prolongada, clinicamente estabilizados.

Apesar da intervenção prioritária se dirigir à população com doença mental, a ASMAL desenvolve, igualmente, acções dirigidas à população com deficiência, a populações desfavorecidas ou em risco e às suas famílias.

A associação desenvolve importantes acções sectoriais de sensibilização da população, das entidades públicas e empresariais, para a problemática da saúde mental e para a integração socioprofissional do cidadão doente mental.

Assim, as actividades desenvolvidas assentam em dois eixos de Intervenção – Eixo da Reabilitação e Eixo da Prevenção e Promoção da Saúde Mental na Comunidade – que enquadram os Programas de Intervenção.

O Programa de Reabilitação Profissional, centrado na reabilitação de pessoas portadoras de doença mental pretende responder às suas necessidades de formação contribuindo para o seu desenvolvimento pessoal, empregabilidade e inserção no mercado de trabalho. Esta intervenção passa pelo investimento na oferta de produtos formativos personalizados e adaptados ao contexto de inserção e às características do público-alvo, levando-nos a promover actividades formativas relevantes para as práticas profissionais e que contribuam para o desenvolvimento de competências.

A gestão do percurso formativo centrada nos formandos, envolvendo-os activamente e de modo sistemático nas diversas fases do processo formativo, demonstrou ser uma estratégia de sucesso no alcance dos objectivos traçados. Por outro lado, a sensibilização da comunidade e o privilégio de parcerias que permitem criar sinergias, ao envolverem directamente a comunidade, permitem melhorar os resultados da formação e a inclusão dos formandos.

O Programa de Prevenção e de Promoção da Saúde Mental na Comunidade centra-se na prevenção da doença e procura, ainda, responder a necessidades de formação dos adultos que se encontram em situação de desfavorecimento ou em risco contribuindo para o seu desenvolvimento pessoal e social, empregabilidade e inserção no mercado de trabalho, bem como às necessidades de actualização, reconversão e de formação ao longo da vida.

Para a concretização destas actividades e intervenções, a ASMAL possui as seguintes valências:

– Um *Centro de Reabilitação Profissional* que promove acções de formação em diversas áreas;

– Dois *Fóruns Sócio-Ocupacionais* que desenvolvem diversas actividades, procurando promover a valorização pessoal e a integração social de pessoas com doença mental que, temporária ou permanentemente, não podem ser inseridas no mercado de trabalho;

– Uma *Unidade de Vida Apoiada* que visa assegurar um ambiente acolhedor e familiar de modo a proporcionar uma melhoria acentuada da qualidade de vida bem como uma integração na comunidade a doentes mentais sem estrutura familiar de suporte;

– Um *Gabinete de Informação, Avaliação e Encaminhamento* responsável pela avaliação, selecção e encaminhamento dos candidatos;

– Um *Gabinete de Apoio às Famílias* que visa prestar apoio técnico especializado às famílias dos utentes através de reuniões informativas, grupos de ajuda mútua e programas de Psicoeducação;

– Um *Gabinete de Apoio à Colocação e Acompanhamento Pós-colocação* responsável por promover a contratação de pessoas com doença mental no mercado de trabalho e acompanhamento destas integrações com vista à manutenção do emprego;

– Um *Gabinete de Educação e Formação de Adultos* que promove Cursos de Educação e Formação de Adultos (EFA) visando uma dupla certificação: escolar e profissional.

## COMO PONTES NA...

AUTORES Márcia Fonseca, Alberto de Deus, Alexandrina Pinto, Ana Lúcia Santos, Maíce Baracho, Maria do Carmo Leão, Maria João Moreira, Sónia André, Vanda Cardoso.

INSTITUIÇÃO Casa de Saúde do Telhal (joao.lopes@isjd.pt)

RESUMO Tendo subjacente uma filosofia de actuação que procura efeitos multiplicadores de Saúde Mental, este póster apresenta as respostas de reabilitação psicossocial desenvolvidas pela Instituição na articulação/inserção na comunidade, focando-se nas vertentes Formação Profissional e Residencial, desenvolvendo uma breve caracterização do percurso e acção destas valências.

Vertente Formação Profissional:

– 14 anos a administrar Cursos de Formação Profissional (Eixos Horizon, Programa Integrar e Programa Constelação). No trabalho apresentado, aprofunda-se o estudo do actual Programa Constelação em funcionamento com integração no mercado aberto de trabalho em Empresas na comunidade, a decorrer desde Outubro de 2001, já foram realizados 34 estágios em 12 empresas, tendo sido formalizados 6 contratos de trabalho.

Vertente Residencial Comunitária:

– 12 anos de Unidades de Vida (Duas Unidades de Vida Protegida, uma ainda em fase de preparação de candidatura e uma Unidade de Vida Autónoma), situadas em bairros residenciais na comunidade. Desde 1995, estas estruturas já responderam a 38 utentes, entre os quais 3 foram (re)integrados na família, 2 transitaram da Unidade de Vida Autónoma para as Protegidas, 4 para Unidade de Reabilitação Intrainstitucional e 2 para Unidade de Internamento Prolongado, registando-se uma morte. A partir de 1998, estas residências passaram a reger-se pelo Despacho Conjunto 407/98.

– As Unidades de Vida são Estruturas de Reabilitação para pessoas com problemas psiquiátricos, mas com potencial de reabilitação e autonomia que lhes permita, com o apoio adequado, deixar a Casa de Saúde e viver na Comunidade.

Vocacionam-se para doentes que tenham passado por um processo de reabilitação, mas sem outra alternativa residencial, portadores de doença mental crónica, acompanhados psiquiatricamente e estabilizados clinicamente.

A Casa de Saúde do Telhal, nas suas vertentes de Formação Profissional e de alternativa Residencial Comunitária, como... PONTES NA COMUNIDADE.

## FÓRUM SÓCIO-OCUPACIONAL E ESTRUTURAS RESIDENCIAIS COMUNITÁRIAS DE MATOSINHOS

AUTORES  Mercedes Pereira; Susana Fernandes; Joana Gravato; Silvia Alves; Cláudia Magalhães (forumsociooocupacional@iol.pt)

INSTITUIÇÃO  Associação de Familiares Utentes e Amigos do Hospital Magalhães Lemos (A.F.U.A.-H.M.L.)

RESUMO  A Associação de Familiares Utentes e Amigos do Hospital Magalhães Lemos (A.F.U.A.-H.M.L.) é uma Instituição Particular de Solidariedade Social destinada a apoiar pessoas com doença mental. No âmbito do despacho conjunto 407/98, de 18 de Junho, e no seguimento doutras acções já existentes, foram criados por esta Associação o Fórum Sócio-Ocupacional (F.S.O.) e as Unidades Residenciais Comunitárias de Matosinhos (Unidades de Vida Protegida, U.V.P.), em funcionamento desde 6 de Março de 2006. Todo o trabalho desenvolvido pressupõe uma estreita colaboração com a Rede Social de Matosinhos.

Nestas estruturas, de natureza reabilitava, é delineado para cada utente, com base no Modelo de Reabilitação Psicossocial, um programa Sócio-Ocupacional, que envolve para além da equipa técnica, a família e o próprio utente e que é definido de acordo com as suas necessidades, capacidades e interesses. Este programa de reabilitação obedece a 3 etapas designadamente: avaliação inicial, intervenção e revisão tendo subjacente a filosofia de empowerment e recovery em todos os seus momentos. Como tal, pretendem-se criar em ambas as estruturas um contexto que se caracteriza como informal, no qual todos os elementos assumem um papel activo e importante para o seu bom funcionamento, participando na delineação de actividades implementadas, nas tarefas de organização e manutenção do fórum e na delineação do seu programa sócio-ocupacional; dinâmico, no qual é possível prevenir/diminuir incapacidades, descobrir potencialidades e criar/restaurar e desenvolver competências e autonomia; grupal, no qual se se procura abranger as várias necessidades individuais de cada elemento; de transição, com a meta final da reintegração sócio-familiar e/ou profissional nos ambientes de escolha de cada elemento.

A apresentação do poster pretende ilustrar do trabalho empírico levado a cabo durante os 18 meses decorridos desde a abertura das estruturas em referência. O objectivo desta apresentação é caracterizar a população que integra o F.S.O. e as U.V.P., dar a conhecer o vasto leque de intervenções desenvolvidas com a mesma, assim como, os resultados obtidos a nível do desenvolvimento de competências por parte dos utentes/famílias e das respostas de reinserção na comunidade.

No que respeita à caracterização quantitativa da população, verifica-se que o número total de utentes que integraram até ao presente as estruturas, nas U.V.P. e no F.S.O. é de 13 e 24 utentes respectivamente. Dos 9 utentes que integram actualmente as U.V.P., 8 (92,3%) tem como resposta comunitária a integração no F.S.O., e 1 (7,7%) encontra-se a trabalhar (desenvolvendo-se um único programa Sócio--Ocupacional comum a ambas as estruturas).

Ao nível dos resultados obtidos da nossa intervenção, considerando os programas sócio-ocupacionais, nas U.V.P, 4 (30,8%) foram concluídos e 9 (69,2%) continuam em desenvolvimento; no F.S.O., os programas sócio-ocupacionais dos utentes encontram-se todos em desenvolvimento.

A nível das respostas comunitárias noutras estruturas, nas U.V.P., em 3 (37,5) utentes ainda não se aplica essa integração, 2 (25%) foram integrados num curso EFA (Educação e Formação de Adultos), 2 (25%) tratam-se de situações difíceis de integrar, 1 (12,5%) não foi encontrada resposta; no F.S.O., 5 (31%) são consideradas situações difíceis de integrar, 4 (25%) ainda não se aplica ao programa sócio-ocupacional, 4 (25%) não foi encontrada resposta, equitativamente 1 (6%) utente encontra-se em curso de formação profissional, numa empresa de inserção e outro num voluntariado.

Nos casos em que ainda não é objectivo a integração noutras estruturas comunitárias, estão a ser desenvolvidas várias competências e re(aprendizagens) baseadas nos conceitos de empowerment e recovery, de forma a facilitar uma vivência funcional e adaptada aos diferentes contexto da sociedade em que o utente se insere. Realizando uma análise qualitativa, é de realçar que no período ainda curto de actuação nas nossas estruturas já se verifica uma diminuição no número de reinternamentos, uma maior aproximação e envolvimento dos familiares aos utentes, o conhecimento mais aprofundado da doença mental e dos seus sintomas, a melhoria dos contactos sociais e a autonomia nas diferentes áreas da vida diária.

# ESTUDO EXPLORATÓRIO DE INVESTIGAÇÃO-ACÇÃO: AVALIAÇÃO DA EFICÁCIA DE UM PROGRAMA DE INTERVENÇÃO GRUPAL NA REDUÇÃO DE SINTOMAS DEPRESSIVOS JUNTO DE INDIVÍDUOS COM PARALISIA CEREBRAL

**AUTORES** Nuno Barata

**INSTITUIÇÃO** Centro de Reabilitação de Paralisia Cerebral do Porto & PSICOCET – Centro Educativo e Terapêutico

**RESUMO** O presente estudo procura avaliar a importância da reunião semanal do «Grupo de Jovens» com Paralisia Cerebral – intervenção grupal – e o seu impacto em termos de depressão. A reunião semanal do «Grupo de Jovens» tem como finalidade fornecer estratégias de coping no sentido de promover a autonomia e a interacção social. O estudo realizou-se com 24 participantes com Paralisia Cerebral, avaliados em dois momentos temporais distintos – t1 e t2 – espaçados por dois meses e meio quanto aos sintomas depressivos. Metade dos participantes foram submetidos a intervenção grupal durante 10 sessões semanais com a duração aproximada de 1 hora e 30 minutos (Grupo Experimental – GE) e a outra não foi submetida a qualquer intervenção (Grupo Controlo – GC).

A análise dos dados permitiu verificar a existência de uma redução significativa dos sintomas depressivos apenas no grupo de participantes que foram alvo de intervenção grupal (GE). Ao invés, nos participantes que não foram sujeitos a intervenção grupal (GC) não houve qualquer modificação significativa dos sintomas depressivos.

## APOIO DOMICILIÁRIO NA SAÚDE MENTAL

AUTORES  Patrícia Fernandes

INSTITUIÇÃO  Associação para o Desenvolvimento e Formação Profissional (geral@adfp.pt)

RESUMO  Introdução

No passado as pessoas com doença mental encontravam-se confinadas às grandes instituições psiquiátricas.

Actualmente, os esforços estão reunidos para a manutenção do doente na comunidade, enfatizando a promoção de programas de reabilitação social, incluindo o treino de competências sociais, as intervenções familiares psicoeducacionais, os apoios nas áreas residencial e de emprego.

O profundo desconhecimento sobre a doença mental aliado à estigmatização do doente dificulta a sua reintegração na comunidade e limitam o processo de reabilitação psicossocial.

Neste sentido, o apoio domiciliário vem satisfazer as necessidades do doente contribuindo para a sua autonomização.

1. Desenvolvimento do Projecto

A sinalização precoce de doentes com necessidades de ajuste da medicação é um factor de prevenção de recaídas, reduzindo o "fenómeno da porta giratória" bem como, a verificação do cumprimento do receituário médico.

A pessoa com doença mental poderá necessitar de ser monitorizada nos cuidados com a aparência e higiene pessoal, contribuindo para uma melhoria da auto-estima e evitando qualquer tipo de exclusão social.

A visita da equipa do apoio domiciliário pretende responder às necessidades do doente, de forma a proporcionar bem-estar físico, psíquico, emocional e social.

O desenvolvimento de competências realizar-se-á através do treino de aptidões sociais (TAS) e das actividades da vida diária (AVD's) visando a promoção das capacidades do doente no seu ambiente familiar e na comunidade.

A psicoeducação a nível individual e a nível familiar permite o desenvolvimento de recursos que aumentem a compreensão da doença mental e do seu tratamento.

A socialização surge como forma de integrar e reinserir o doente na comunidade, combatendo a solidão e o isolamento.

2. Intervenção
2.1. Equipa de Saúde Mental Comunitária
A equipa de saúde mental comunitária deve articular com a rede de cuidados de saúde mental nomeadamente, hospitais, atendimento em ambulatório, unidades de saúde mental comunitária, com o sector social e com outras entidades da comunidade.

Acções:
– Treino de competências sociais;

– Avaliar os cuidados de higiene;

– Desenvolver estratégias orientadas para a manutenção da rede de apoio social;

– Administrar injectáveis;

– Registar os sinais vitais

A intervenção far-se-á através de uma equipa de saúde mental comunitária constituída por:
– Técnico de serviço social/ Psicólogo
– Enfermeiro

3. Registos Clínicos/ Base de dados
A organização dos registos clínicos passa pela criação de uma base de dados dos utentes que usufruem do apoio domiciliário. Este sistema de informação deve conter as recomendações, quer para a família, como para o utente, o registo de actos e ocorrências.
A implementação do Boletim Individual de Registos permite ao doente e à família terem acesso à data de administração do injectável e da próxima visita.

4. Linha Telefónica S.O.S.

Disponibilização de um contacto telefónico – linha SOS Saúde Mental – para resolução de problemas, prevenção e esclarecimento de dúvidas. Esta linha tem como função apoiar permanentemente as famílias e o indivíduo com doença mental no seu dia-a-dia.

Conclusão
A nova politica de saúde mental perspectiva a comunidade como um recurso importante para a reabilitação psicossocial do indivíduo.

É necessário criar respostas que tenham como propósito a reabilitação psicossocial sendo que, o apoio domiciliário surge como uma alternativa à prevenção dos internamentos.

## MATERNIDADE & PERTURBAÇÕES PSICOPATOLÓGICAS: A PRÁTICA CLÍNICA E O PAPEL DAS FAMÍLIAS NOS CASOS DE PSICOSE PUERPERAL

AUTORES   Paula Land Curi Mocarzel (landpaula@yahoo.com.br)

INSTITUIÇÃO   Universidade Salgado de Oliveira/Hospital Maternidade Carmela Dutra

RESUMO   Este trabalho pretende abordar, a partir da clínica, a questão da saúde/doença mental numa maternidade, sinalizando para contingências tanto da estruturação psíquica do sujeito, quanto do campo social.

Apesar de não acontecer num espaço como os CAPS, criados como dispositivos reabilitadores para neuróticos graves e psicóticos, nosso trabalho aposta que uma maternidade oferece-se como lugar passível de trabalho e pesquisa no campo da saúde mental, uma vez que é grande o número de "intercorrências psíquicas" que aparecem neste tipo de instituição.

É sabido que há uma grande incidência de distúrbios mentais durante a gestação, parto e puerpério, o que nos leva a compreensão de que a maternidade pode ser uma vivência desestabilizadora para vários sujeitos. Contudo, não é a maternidade per si, mas sim como essa se articula a estrutura psíquica destes sujeitos-mães.

Nas maternidades, temos, com freqüência, casos de psicose puerperal. Esta perturbação psicopatológica não é propriamente uma psicose à parte, mas sim uma psicose desencadeada pelo parto, cuja temática dos delírios é o bebê, aumentando, assim, exponencialmente o risco de homicídio contra o mesmo.

Na realidade, o sujeito já era um psicótico (estruturalmente falando), mas mantinha-se estável, até o momento do nascimento do bebê, ponto desestabilizador da estrutura.

O quadro, além de grave, traz questões importantes tanto no campo jurídico quanto para toda a rede de assistência e para a família. A mulher acometida por uma doença mental grave, incapacitada de cuidar, necessitando de tratamento que pode inclusive demandar internação, pode ter seus direitos civis suspensos e, por derivação, o exercício do poder familiar, fazendo com que o bebê seja "guardado" por outro.

Assim, criamos estratégias de intervenção, que incidem na tentativa de evitar maiores danos à mulher, ao bebê e a sua relação, para minimizar os riscos para o recém-nato e favorecendo a reabilitação da mulher, para o exercício da maternagem.

Assim, nosso trabalho propõe uma intervenção articulada de três campos de assistência – psiquiatria, psicologia e assistência social – visando, concomitantemente, a família, condição sine qua non ao processo de reabilitação desta mulher, que sofre de um transtorno grave, cuja recuperação depende da sua própria história como sujeito-mulher, e do bebê, que dependerá, muitas vezes, de outro cuidador.

Trabalhamos com as famílias das puérperas, principalmente, conscientizando-as da importância de uma rede capaz de apoiar o processo de reabilitação destas mulheres, em função de seus quadros, para que possam retomar o quanto antes suas funções de mãe.

# PERCEPÇÃO DE FUNCIONAMENTO SOCIAL NA EPILEPSIA FOCAL: O PAPEL DE DIFERENTES INDICADORES DE ANSIEDADE

AUTORES Rute F. Meneses (1) (rmeneses@ufp.pt) & José P. Ribeiro (2)

INSTITUIÇÃO (1)FCHS-Universidade Fernando Pessoa; (2) FPCE--Universidade do Porto

RESUMO Diversos indivíduos com Epilepsia Focal (EF) de uma consulta especializada relataram diminuição da sua actividade social, devido às limitações decorrentes da doença e/ou tratamento. Para contrariar esta tendência, procurou-se verificar até que ponto a ansiedade, frequente nestes indivíduos, poderia predizê-la, já que é passível de intervenção psicossocial. Consequentemente, o objectivo do presente estudo foi explorar a capacidade preditiva de indicadores de ansiedade na Percepção de Funcionamento Social de indivíduos com EF.

Uma amostra de 99 indivíduos com clínica sugestiva de EF – entre os 14 e os 70 anos (M=36,41, DP=12,86), com uma escolaridade média de 7,62 anos (DP=4,04; 0-17), maioritariamente casados (N=62), do sexo feminino (N=55), com um único tipo de crises (N=67), em monoterapia (N=53), sem percepção de efeitos adversos desta (N=75), sem comorbilidade (N=73), sem medicação para além dos antiepilépticos (N=85), e com Epilepsia, em média, há 15,59 anos (DP=10,91; 0,17-46), quando tinham, em média, 20,7 anos (DP=13,39; 0-57) – foi avaliada com a Escala de Função Social do SF-36v1 (Ribeiro, 2005) e a Escala de Ansiedade da Hospital Anxiety and Depression Scale – HADS-A (Pais-Ribeiro, Silva, Ferreira, Martins, Meneses, & Baltar, 2007).

Os indivíduos pontuaram entre o mínimo e o máximo possíveis, inclusive, em todos os itens da HADS-A e na Escala de Função Social. Verificaram-se correlações (Pearson) estatisticamente significativas entre todos os itens da HADS--A e o score de Função Social, com excepção do item 11, que foca o estado de inquietude. A regressão linear, método stepwise, indicou que os itens 13 (pânico) e 1 (tensão/

nervosismo) são os únicos preditores da Função Social da amostra (R2a=31,6%).

Espera-se que os presentes resultados, a serem replicados, ajudem os profissionais de saúde a organizar mais adequadamente a sua actividade terapêutica, de modo a melhorar a funcionalidade, a nível social, de indivíduos com EF. Acima de tudo, eles sublinham que os diferentes componentes habitualmente usados para avaliar a ansiedade não têm o mesmo impacto no dia a dia dos indivíduos.

## FÓRUM SÓCIO-OCUPACIONAL "SOL NASCENTE"

AUTORES   Sandra Rascão (sandra.pr1@hotmail.com) e Vanessa Colela (vanessacolela@gmail.com)

INSTITUIÇÃO   Grupo de Acção Comunitária, Fórum Sócio-Ocupacional "Sol Nascente"

RESUMO   A associação Grupo de Acção Comunitária foi fundada em 1995 devido à necessidade sentida por alguns técnicos de Saúde Mental ligados ao Serviço de Psiquiatria do Hospital de Santa Maria, em criar uma estrutura independente do Hospital e dotada de maior liberdade e autonomia de intervenção no exterior/comunidade.

Surge assim, o Grupo de Acção Comunitária – G.A.C. – uma IPSS (Instituição Particular de Solidariedade Social) que tem como objectivo contribuir para uma melhor integração social e para a reabilitação psicossocial de indivíduos com doença mental grave e incapacitante, assim como dar apoio às suas famílias, através da mobilização de pessoas e estruturas na comunidade.

O Grupo de Acção Comunitária conta, actualmente, com 3 valências de apoio:

– Fórum Sócio-Ocupacional "Sol Nascente"

– Formação Profissional e Emprego Apoiado

– Unidade de Vida Protegida (UPRO)

O Fórum Sócio-Ocupacional "Sol Nascente" tem como objectivo prestar apoio às pessoas que se encontram numa fase inicial do processo de reabilitação psicossocial, vindas do internamento psiquiátrico e/ou de Hospital de Dia, focando a promoção do autodesenvolvimento pessoal ou interpessoal do utente através da realização de actividades, tais como, grupo terapêutico, treino de competências, musicoterapia, teatro, artes plásticas, visitas culturais, entre outras. Estas actividades visam o desenvolvimento de competências pessoais, sociais e culturais facilitadoras no acesso à autonomia.

Actualmente o Fórum Sócio-Ocupacional "Sol Nascente" presta apoio a cerca de 70 utentes, na sua maioria com diagnóstico de Esquizofrenia e que desempenham um papel activo e preponderante no seu projecto individual de reabilitação psicossocial.

A par do trabalho realizado com os utentes promove-se um espaço de partilha de experiências e emoções com os seus familiares. Este espaço tem como objectivo fornecer informação acerca das problemáticas inerentes à doença mental para que a família adquira um maior conhecimento da sintomatologia e das limitações que a mesma provoca e, de como isso, influencia a reabilitação. Assim sendo, propõem-se estratégias que incidam numa melhoria da relação quotidiana família/doente, dotando as famílias de ferramentas que lhes permitam reconhecer sinais de crise e actuar convenientemente.

# Conclusões

## Conclusões

**1.** A reabilitação psicossocial no domínio da saúde mental é uma componente essencial do processo terapêutico, devendo, por isso, ser integrada no processo de recuperação desde o seu início.

**2.** A reabilitação psicossocial para ser eficaz deve orientar-se para a superação das limitações de cada pessoa com problemas de saúde mental e para o desenvolvimento das suas motivações e capacidades potenciais, mas deve também obrigatoriamente orientar-se em introduzir mudanças na sociedade pela criação de estruturas e serviços que contribuam para a inserção de cada pessoa na vida da comunidade.

**3.** A inserção em diversas modalidades de organização do trabalho – desde "ateliers" de actividades produtivas, postos de trabalho protegido, cooperativas e empresas de inserção – constitui para as pessoas com problemas de saúde mental um processo decisivo no desenvolvimento das suas capacidades de organização, convivência social e valorização pessoal.

**4.** A organização por parte das empresas de postos de trabalho dedicados ao acolhimento, formação e inserção profissional de pessoas com problemas de saúde mental deve ser incentivada por intermédio de diversos benefícios, no plano fiscal e no plano da formação, e por intermédio da atribuição de títulos de reconhecida responsabilidade e solidariedade social.

**5.** A necessidade de assegurar o acesso equitativo a cuidados de saúde a pessoas com doença mental requer o equipamento de centros de saúde com valências neste domínio e sobretudo a organização de cuidados continuados e integrados com base em equipas multidisciplinares de apoio domiciliário e de inserção na comunidade.

**6.** As famílias na sua missão de cuidadores informais e persistentes dos seus familiares com problemas de inserção social precisam elas próprias de apoios diversos, designadamente de informação e de preparação psicológica que as habilite a lidar com as dificuldades dos seus familiares e a ajudá-los melhor no seu esforço de recuperação.

**7.** As Associações de Famílias e as Federações em que se filiam merecem ser reconhecidas como parceiros sociais de pleno direito e integradas nas organizações locais, regionais, nacionais e internacionais que definem, acompanham e avaliam as políticas de desenvolvimento da saúde mental.

**8.** Em conformidade com o princípio da proximidade de acesso ao tratamento e à reabilitação, as relações de vizinhança assim como as iniciativas das redes de apoio social devem ser valorizadas e incluídas em planos integrados de reabilitação e inclusão social.

**9.** A necessidade de redução do estigma que envolve as pessoas com problemas de saúde mental requer a organização sistemática de campanhas de informação destinadas a diversos sectores da sociedade, designadamente escolas, empresas e órgãos de comunicação social, no quadro de um movimento de difusão de conhecimentos objectivos, instrumento eficaz de eliminação dos preconceitos e do medo em que o estigma e a exclusão se fundam.

**10.** A investigação científica no domínio da Saúde Mental, reconhecidamente escassa em Portugal, deve ser objecto de incentivos especiais de forma a contribuir para um conhecimento mais objectivo da realidade e uma melhor adequação dos equipamentos e dos serviços.

**11.** A exclusão social a que têm sido votadas as pessoas com problemas de saúde mental é objectivamente injusta e limitadora dos "direitos humanos e de cidadania" exigindo uma visão equitativa da Justiça com o reconhecimento do direito à dignidade da pessoa humana, à reabilitação, ao trabalho e à inclusão social.

**12.** As propostas e recomendações apresentadas no "Relatório para a Reestruturação e Desenvolvimento dos Serviços de Saúde Mental em Portugal" e consignadas no "Plano Estratégico da Saúde Mental" que o Conselho de Ministros recentemente aprovou, vêm ao encontro de necessidades há muito sentidas pelas pessoas com problemas de saúde mental, pelos seus familiares e pelas suas Associações. Torna-se agora necessário unir vontades para que a consistente passagem dessas propostas à sua concretização prática seja em breve uma realidade.